KB047922

그날
그곳
사람들

JTBC 이가혁 기자가 전하는 현장의 온도

그날
그곳
사람들

이가혁 지음

자음과모음

점을 선으로 잇다

'들어가며'라는 제목만 써놓고 지금 몇 번째 고쳐 쓰고 있는지 모르겠습니다. 칼럼니스트로 유명한 K선배께 '들어가며' 초고를 보여드렸습니다. 기자나 작가들도 그의 글을 기다렸다 돌려볼 만큼 좋은 글을 많이 쓴 선배입니다.

"지나치게 겸양하는 단어나 표현을 덜어내고, 기자 생활 하면서 느꼈던 자긍심과 포부, 앞으로의 희망 등을 더 강조해보면 어떨까."

조언을 듣고 나니 '들어가며'에 들어가는 게 더 어려워졌습니다. 자긍심을 가질 정도로 내가 기자라는 일에 충실했나를 고민하지 않을 수 없으니까요. 2011년 9월부터 기자 생활을 했으니, 이제 겨우 햇수로 7년 차입니다. '언론계에 몸담다'라는 흔한 표현마저도 겸연쩍은, 일천한 경력입니다. 하지만 K선배의 조언대로 보람을 느꼈던 순간을 더듬어봤습니다.

2016년 9월 12일 저녁 8시 32분, 경북 경주시에서 규모 5.8의 지진이 발생했습니다. 나중에 알았지만 우리나라가 지진 계측을 시작한 1978년 이래 가장 큰 규모였습니다. 각 방송사 메인뉴스가 한창일 때 JTBC 〈뉴스룸〉은 다른 어떤 방송보다도 빨리 지진 특보 체제로 전환했습니다. 마침 이날 기사도 없으면서 뭉그적뭉그적 보도국에 남아 있던 저는 "조심해서 다녀오라"는 부장의 말을 듣고 곧바로 경주로 내려갔습니다.

자정이 다 되어 도착한 경주는 아수라장이었습니다. 완전히 무너져내린 가게 유리창을 바라보며 반쯤 넋이 나간 채 건물 밖에 서 있던 옷가게 주인은 "무서워서 다시 안으로 못 들어가겠다"고 울먹였습니다. "경주시청에서 뭐 알려준 거 없느냐"며 오히려 저를 붙잡고 돌아가는 상황을 물었습니다. 여진이 이어지던 소란스러운 밤, 초등학교 운동장에는 이불 몇 개 간신히 들고 대피한 사람들이 텐트와 차 안에서 억지로 잠을 청하고 있었습니다. 아기 둘을 데리고 무작정 뛰쳐나왔다는 젊은 엄마는 "안내방송은 아무것도 없었고, 그냥 애들을 살려야 한다는 생각으로 뛰었다"며 울분을 토했습니다. 양해를 구해 이들이 간신히 빠져나온 집 안으로 들어가봤습니다. 쏟아져내린 서랍장,

아이를 살리기 위해 뒤집어썼던 침대 매트리스가 어지럽게 놓여 있었습니다.

그렇게 다음 날까지 꼬박 밤을 새우며 경주 시내 곳곳에서 지진 공포에 떨고 있는 사람들의 이야기를 들었습니다. 그 이야기는 여전히 여진이 이어지던 지진 발생 이틀째 저녁 르포 형식의 리포트로 방송됐습니다. 최대한 있는 그대로 지진 피해 현장에 방치된 사람들의 목소리를 들려주고픈 욕심에 여섯 명의 인터뷰를 기사에 구겨 넣었습니다. 리포트 길이는 3분 21초. 보통 리포트의 세 배였습니다. 다행히 보도국에서도 "현장 상황을 최대한 보여주자"며 긴 리포트를 허락했습니다. 리포트에 바로 이어지는 경주 시내 현장 생중계까지 마치고 나서 저녁 먹을 곳을 찾아다니는데 누군가 팔꿈치를 툭툭 치며 말했습니다.

"방금 방송 잘 봤어요. 여기 목소리 잘 내보내줘서 고마워요."

피로가 눈 녹듯 사라지던 순간이었습니다. 기자가 된 후 자주 들어온 '저널리즘'이라는 것이, 밤새 내가 행한 이것인가, 하고 어렴풋하게 느낄 수 있었던 경험이었습니다.

이화여대 학생들이 학교 본관에서 더운 여름을 보낼 때의 대학 캠퍼스, 국회가 탄핵안을 표결에 부칠 때의 국회 앞 대로, 시민들이 촛불을 들었을 때의 광화문광장, 헌법재판소가 탄핵 심판 선고를 할 때의 안국역사거리, 최순실의 딸 정유라가 사법당국과 국민들의 눈을 피해 덴마크 올보르에 숨어 있을 때의 은신처 앞, 세월호가 3년 만에 뭍으로 올라왔을 때의 목포신항. 지난여름부터 올여름까지 저는 이 현장들을 가장 가까이에서 지켜볼 수 있었습니다. 사람들이 '역사적인 현장'이라고 말하는 곳을 저는 일 때문에 자주 드나들었기 때문입니다. 저는 생각했습니다. 이 현장에서의 모든 것이 기자 생활뿐만 아니라 제 삶을 통틀어 가장 강렬한 기억 중 하나로 남을 그날, 그곳, 그 사람들이라고 말입니다.

가장 강렬한 기억. 이걸 그냥 기억 저편으로 날려버리기에는 그날, 그곳을 치열하게 채워주었던 수많은 그 사람들에게 미안한 마음이 들었습니다. 그래서 서둘러 기록해야겠다는 생각이 들었습니다. 어쩌면 훗날 누군가에게는 보탬이 될 이야기일지도 모르니까요.

책을 쓰면서 내내 고민스러웠습니다. 나름대로 팩트에 충실하려 했지만 완벽하게 정확할 수는 없다는 것이 첫 번째 고민이었습니다. 스마트폰에 저장된 사진과 문자 메시지, 이메일, 취재 현장에서 쓴 수첩, JTBC 〈뉴스룸〉을 통해 보도했던 영상과 기사를 참고해 기억을 최대한 되살렸습니다. 그럼에도 불구하고 일부 서술에는 틀린 것이 있을 수 있음을 미리 말씀드리고 양해를 구합니다. 한편으로는 같은 현장에 있던 다른 이들의 기억과 합쳐지면 좀 더 의미 있는 기록이 될 거라는 기대도 해봅니다.

두 번째 고민은, 선배 기자들이 쓴 책을 보면 대체로 기자정신이나 언론의 사회적 책무 같은 주제가 등장하기 마련인데 제겐 그런 의미를 부여할 재주도 지식도 없다는 점이었습니다. 본격적으로 책을 쓰기 전, 지금의 저와 비슷한 30대 초반에 책을 낸 적이 있는 O선배는 "나중에 나이 들어 그 책을 다시 보니까 얼굴이 화끈거리더라"며 "있는 그대로 담담하게 써라. 멋 부리다가 훗날 돌이켜보면 너도 얼굴이 화끈거릴 테니"라고 말했습니다. 어떻게 노력하든 결국 화끈거릴 글이 될 것 같기에, 오히려 O선배의 말은 한편으로 위안이 됐습니다.

이 책이 나오기까지 많은 분의 도움이 있었습니다. 글을 쓰다보니 주어가 제 자신으로 설정되어 있지만 분명 책 속 대부분의 장면이 수많은 동료들과 함께한 기억입니다. 지난겨울 JTBC 보도국 사회2부 기동팀은 매주 토요일 오전마다 군사작전을 방불케 하는 회의를 열었습니다. 화이트보드에 광장 약도와 행진 경로를 그리고, 각자 맡은 구역과 임무를 적어가며 시간대별로 어떻게 움직여야 할지 짰습니다. 그렇게 광장으로 각자 흩어지고 나면, 때로는 우연히 다시 마주치고 몇몇은 화면으로만 만났습니다. 파란색 점퍼를 입고 광장 인파 속을 누비던 동료들의 모습을 잊을 수 없습니다. 무거운 카메라를 들고 함께 현장으로 뛰어든 영상취재팀 동료들의 눈부신 활약도 떠오릅니다. 특히, 독일과 덴마크 출장 내내 함께한 이학진 기자는 조금 더 생생한 현장 모습을 전하기 위해 저보다 더 빨리, 더 많이 움직였습니다. 정유라를 추적하는 데 도움이 될 만한 자료를 보내주고 조언을 아끼지 않은 법조팀과 탐사팀 동료들께도 감사드립니다. 석 달 동안 목포에 체류할 때 절반 이상을 함께한 이상엽 기자, 연지환 기자도 빼놓을 수 없습니다. 이 두 후배 기자는 그 적막한 부두에서 세월호 미수습자 가족과 유가족을 따뜻하게 챙겼습니다. 이 밖에 소개하지 못한 JTBC, 《중앙일보》 동료 선후배께도 감사의 마음을 전합니다.

딱딱한 취재기가 아닌 말랑한 에세이를 쓰는 것으로 계획했지만 결국 기사 문체를 벗어나지 못했습니다. 그럼에도 부드러운 채근으로 기어코 책을 완성해주신 고은주 차장님을 비롯한 출판사 자음과모음 관계자들께 박수를 보냅니다.

아무런 인과관계 없이 뜻하지 않게 일어난 일을 우연이라고 합니다. 정유라를 추적하는 과정에서 은신처를 알아내고 온 세상에 그녀를 드러낸 것은 분명 우연이었습니다. 취재 도중 생각지도 못한 고비에 부딪혔을 때마다 선의를 가진 많은 분들이 도와주셨기에 가능했습니다. 이 지구상에서 서로의 존재를 모르고 살아도 아무런 불편함이 없을 낯선 사람들이 저를 믿고 기꺼이 마음을 열어주었습니다. 그리고 신기하게도 이화여대에도 광화문광장에도 목포신항에도 모습만 다를 뿐 그런 선한 마음을 가진 사람들은 늘 나타났습니다. 저는 점처럼 흩어진 그 선한 마음을 선으로 이어보는 사람 정도에 지나지 않았습니다. 점과 점이 잘 이어지도록 선의를 베풀어주신 모든 취재원들께 감사의 말씀을 드립니다. 이런 선한 마음을 가진 분들이 있는 한 필연 같기도 한 그 우연은 앞으로도 계속 일어날 것이라고 믿습니다.

끝으로, 이어지는 출장에도 늘 힘이 되어준 가족들에게 이 책이 작은 보답이 될 수 있기를 기대해봅니다. 항상 용기를 북돋워주고 응원해준 아내 유미, 화면 속 아빠를 어느 순간부터 잘 알아봐준 딸 아윤이에게 영원히 사랑한다는 말을 전합니다. (아윤이는 나중에 커서 이 책을 보고 독후감 한 편 써서 아빠에게 제출하길 바랍니다.) 그리고 편안한 안식처가 되어주시는 양가 부모님께도 늘 부족하지만 다시 한 번 존경과 감사의 인사를 올립니다.

2017년 겨울
이가혁

CONTENTS

1장 정유라를 찾아서
독일 프랑크푸르트 – 덴마크 올보르

2장 기자에서 벗이 되기까지
이화여자대학교

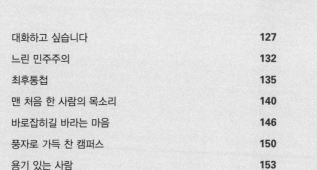

3장 소중한 것들 잊지 않도록
진도 팽목항 – 목포신항

4장 JTBC, 수고 많으십니다
광화문광장 – 국회 – 헌법재판소

1장

정유라를 찾아서

독일 프랑크푸르트 덴마크 올보르

원웨이 티켓

2016년 12월 21일 오후 4시. 서울 삼성동에서 정치 관련 스타트업 '박근핵닷컴' 운영자의 인터뷰를 마치고 나오는 길이었다. 회사에서 전화가 걸려왔다.

"가혁아, 지난번에 말한 독일 출장 가봐라. 연말이고 하니 최대한 빨리 가는 게 좋겠다."

"언제 출발할까요?"

"비행기 알아보고 당장 내일이라도 갈 수 있으면 바로 출발해."

"네, 알겠습니다."

어디 강원도나 충청도로 1박 2일쯤 가는 출장인 양 너무 담담하게 통보하는 선배의 목소리에, 나는 별말 없이 대답했다.

사람을 찾는 것은 취재 과정에서 흔한 일이다. 중고차 거래를 하다 사기 피해를 당한 사례자를 찾기 위해 주변 사람들을 수소문하거나, 대학원생 제자를 성추행한 의혹을 받고 있는 사립대 교수를 만나러 학교를 샅샅이 뒤지는 것같이 사회부 기자가 주로 하는 업무 중 하나다. 하지만 이번 미션은 늘 해오던 것과는 달랐다. 찾아야 할 사람에 대해 알려진 게 너무 없었다. 은신처가 독일 프랑크푸르트 또는 그 인근일 가능성이 크다는 추측과 찍은 날짜가 언제인지 가늠하기 어려운 온라인에 떠도는 사진 몇 장뿐. 이에 반해 그를 보고 싶어하는 국민들의 열망은 날로 커지고 있었다. 뉴스에 등장하는 인물 중 대중이 "얼굴 좀 보자" 하고 이렇게까지 열렬하게 바랐던 적이 언제였을까 싶을 정도다. 소위 꽤 큰 뉴스메이커를 찾으러 떠나는 출장이었다. 아무튼 일이었고, 밥벌이였다.

전화를 받기 몇 시간 전, 특검은 법원으로부터 정유라에 대한 체포영장을 발부받았다고 언론에 밝혔다. 정유라를 체포하겠다고 공식적인 엄포를 놓은 셈이다. 정유라를 국내로 데리고 오기 위해 이 체포영장을 근거로 독일 검찰에도 수사 공조를 요청할 것이라고도 했다. 하루 종일 '정유라'가 포털사이트 인기 검색어 상위권에 오를 정도로 관심이 뜨거웠다. 곧 국내로 들어오는 것인가. 최순실을 압박하기 위한 '보여주기'든, 실제 송환 의지가 있었든, 특검은 적극적으로 움직였다. 일부 방송사와 신문사가 이미 현지로 기자를 보내 정유라의 행방을 쫓고 있다는 소식도 들렸다.

독일에 가보는 게 좋겠다고 회사에 의견을 낸 건 나였다. 출장 통보 전화를 받기 닷새 전쯤의 일이다. 이런저런 제보도 들어오는 상황이었고, 국정농단 핵심인 최순실의 입을 열기 위해서라도 정유라가 꼭 필요하다는 여론이 커지던 때였다. 공교롭게도 나는 정유라와 조금 인연도 있었다.

그해 여름 이화여대는 한낮 아스팔트만큼이나 뜨거웠고, 나는 우연히도 이화여대 출입 기자였다. 학교가 일방적으로 평생교육 단과대학인 일명 '미래라이프대학' 신설을 추진하는 과정에서 학생들과 마찰을 빚었다. 학생들은 설립 계획 철회와 총장 사퇴를 요구하며 본관을 점거했다. 그러다 '이화여대 15학번 정유라'가 수면 위로 떠올랐다. 정유라는 엉터리 과제물을 제출하고도 성적을 받았다. 교수들은 단 한 번도 얼굴을 비추지 않은 정유라에게 존댓말로 이메일을 보냈다. 과제물과 이메일에 등장하는 낯 뜨거운 활자 하나하나가 이화여대 본관 안에서 무더위에 지쳐가던 학생들을 일으켰다. 이화여대 사태는 캠퍼스 담장을 넘어 국민적 사안으로 커졌다.

이화여대 취재 과정에서 만난 학생들 모두가 하나같이 하는 말이 있었다.

"이름만 들었지, 실제로는 한 번도 못 봤어요."

오래된 승마 경기 영상으로밖엔 모습을 볼 수 없었던 정유라를 많은 사람들이 기억하게 되는 결정적인 일이 또 터졌다. 정유라가 대학에 입학하기 직전인 2014년 12월에 자신의 페이스북에 올린 글이 공개되면서부터였다. 다음은 그 글의 일부다.

능력 없으면 니네 부모를 원망해. 있는 우리 부모 가지고 감놔라 배놔라 하지 말고. 돈도 실력이야.

철부지 여고생의 푸념이라고 이해하고 넘기기에는 너무 많은 것을 가진 자의 독설이었다. 박근혜 대통령을 움직인 최순실의 딸, 온갖 특혜를 받은 당사자, 금수저, 승마공주. 그 실체가 궁금했다.

선배 말대로 최대한 빨리 출발해야 했다. 다행히 바로 다음 날 독일 프랑크푸르트로 가는 아시아나 항공권이 남아 있었다. 이 출장의 끝은 어떤 모습일까. 돌아오는 항공편도 일단 사두긴 해야 하니 생각해볼 문제였다. 흔적만 발견하고 정작 정유라는 찾지 못한 채 귀국길에 오를 가능성이 컸다. 운이 좋으면 멀리서나마 정유라의 모습을 포착할 수 있으려나. 아무튼 일단 열흘 뒤쯤으로 귀국편도 예약했다. 물론 그 비행기를 탈 수 있을 것이란 기대는 하지 않았다. 엔딩을 가늠할 수 없는 여정이었으므로 사실상 원웨이 티켓이나 다름없었다. 이제 남은 과정은 간단했다. 집에 가서 짐을 꾸리고, 자고 일어나 비행기를 타는 것. 하지만 머릿속은 복잡했다. 한국도 아닌 독일에 잠적했다는 정유라를 수사기관도 아닌 내가 무슨 수로 찾는단 말인가. 정유라를 찾는 과정에서 의미 있는 기삿거리를 발견하는 정도로도 출장의 목적은 달성하는 것이라고 스스로 위안 삼았다.

그다음 날 인천국제공항으로 향했다. 크리스마스가 코앞이라 시간을 지체하면 자칫 아무것도 알아낼 수 없을지 모른다는 불안감으로 가득했다. 그런데 여권이 말썽이었다. 빨리 비행기에 올라야 하는데 공항에서 확인한 내 여권 기한이 2개월도 채 남지 않았던 것이다. 비행기 시간을 아슬아슬하게 남기고 공항 안에 있는 외교부 영사민원실에서 출장 목적의 단수 여권을 다시 발급받아야 했다. 이런 준비 상태로 누굴 찾으러 간다는 건지 스스로도 한심한 생각이 들었다.

기내에서 본 모든 신문에 정유라 체포영장 관련 기사가 큼지막하게 실려 있었다. 정유라도 알고 있을까. 자신을 둘러싼 뉴스가 이토록 크게 다뤄지고 있다는 사실을. 아마 누군가 알려주었을 테고, 그래서 가능하다면 더 은밀하게 몸을 숨겼을 것이다. 어머니 최순실은 한국에 들어온 바로 다음 날 검찰에 출석했다. 엄청난 수의 카메라와 기자들에 둘러싸여 울먹였다.

얼마나 정신없이 검찰청사 안으로 떠밀려 들어갔는지 신고 있던 명품 신발 한 짝이 벗겨져도 그대로 두고 들어갈 수밖에 없었다. 정유라도 은신처에서 이 영상을 보지 않았을까. 아마 자신은 어머니 같은 꼴을 당하고 싶지 않았을 것이다. 누가 뭐래도 여전히 '살아 있는 권력'인 현직 대통령과 불과 한 다리만 건너면 닿을 수 있는 사람이 정유라였다. 게다가 최순실을 돕는 사람들이 독일 곳곳에 포진해 있고, 베일에 싸인 엄청난 재산이 유럽 전역에 있다는 말도 설득력을 얻는 상황이었다. 나는 다시 한 번 '정유라의 흔적만 찾아도 성공'이라는 생각을 했다.

당신들의 메리 크리스마스

함께 출장길에 오른 카메라기자 이학진 선배와 나는 유럽이 처음이었다. 프랑크푸르트 공항에 내리자마자 "와, 벤츠 택시네!"라고 감탄했다. 하지만 기대하고 탄 벤츠 택시가 공항을 빠져나오자마자 타이어가 터지는 바람에, 컴컴한 밤 도로 갓길에서 한동안 비를 맞으며 다른 택시를 기다려야 했다. 우리는 "시작부터 좋지 않은 징조"라며 서로를 탓했다.

다음 날 아침, 호텔 로비에서 통역을 담당한 오 선생님을 만났다. 20년 넘게 독일에서 거주한 교포로 푸근한 이모 같은 첫인상이 좋았다. 오 선생님이 자신의 차로 우리의 취재 경로에 맞게 운전을 해주고, 현지인을 취재할 때는 독일어 통역을 해주기로 했다. 그리고 우리는 통역비와 자동차 렌트비 명목으로 일정 비용을 드리기로 했고.

　해외 취재에서 통역(흔히 '현지 코디'라고도 부른다)은 취재의 성패를 가르는 중요한 존재다. 케냐, 싱가포르, 일본, 대만, 미국 등 꽤 다양한 나라로 출장을 다녀본 결과 절실하게 깨달았다. 업무로 만나게 된 계약 관계이긴 하지만, 일단 계약서는 넣어두고 마치 오랜 시간 알고 지낸 동료처럼 끈끈한 팀워크를 발휘해야 한다. 어떤 통역은 지나치게 의욕이 넘쳐 조언의 수준을 넘어 기자의 판단을 무시하고 취재 일정 전체를 이끌어가기도 한다. 그러면 자칫 취재 의도와 다른 방향으로 끌려다니기 십상이다. 또 어떤 통역은 말 그대로 외국어 의사소통 임무에만 충실하고 취재에 대한 고민은 일절 하지 않는다. 우리가 만난 오선생님은 딱 중간이었다. 취재가 난관에 봉착했을 땐 현지의 인맥을 수소문해 적극적인 조언을 해주면서도 최종적인 판단은 내게 맡겼다. 한국의 정유라 관련 뉴스도 먼저 챙겨 보면서 사안 자체를 꽤 자세히 파악하고 있었다.

　"두 달 전에 최순실 찾는다고 한국 기자들이 다 휩쓸고 갔는데 왜 또 오셨어요? 크리스마스라 여기 관공서는 다 쉬는데……."

　오 선생님이 인사말 대신 농담처럼 건넨 말이었지만, 우린 웃을 수 없었다. 망했다. 호텔 로비에는 크리스마스캐럴이 울려 퍼지고 있었다. 그곳에 있는 사람 중 우리만 일하러 온 사람 같았다. 그야말로 독일은 메리 크리스마스였다.

당장 무엇부터 시작해야 하나. 막막했다. 진부하지만 이럴 때 떠올릴 만한 문장이 바로 '현장에 답이 있다'다. 투입하는 노력에 비해 그 결과가 신통치 않을 법한, 한마디로 비효율적이고 승률 낮은 현장 취재를 맡았을 때 스스로 마음을 다잡기 위해 되새기는 문장이기도 하다. 실제로 현장에서 답을 찾는 경우가 적지 않다. 현장에서 만난 여러 목격자들이 제각각 전해준 조각들을 모아보면 퍼즐이 완성되는 경우가 있다. 내가 올 줄 미리 알고 기다렸다는 듯이 '짠!' 하고 은인이 등장하기도 한다.

현장에 답이 있을까. 문제는 이번 미션에서는 그 현장이 도대체 어디인지조차 모른다는 것이다. 일단 가장 '확실한' 공공기관부터 가보기로 했다. 여기서 확실하다는 건 확실하게 정보를 얻거나, 확실하게 접근조차 하지 못하고 실패하는 경우를 모두 포함한다.

2016년 12월 23일, 프랑크푸르트 시내에 있는 헤센(Hessen) 주 검찰청으로 곧장 향했다. 큰길가에 있는 평범한 오피스빌딩이었다. 죄 안 짓고 산 사람이 바라만 봐도 괜히 위축되는 우리나라 검찰청사와는 대비되는 모습이었다. 아직 크리스마스이브도 아닌데 검사들이 벌써 휴가를 간 건 아니겠지. 무작정 출입문을 밀고 들어갔다. 입구를 지키는 보안요원은 연말 휴가 시즌에 무엇 하러 왔느냐 또는 휴가 시즌인 것도 체크 안 하고 왔느냐 하는 표정으로 우리를 쳐다보았다. 최순실·정유라 관련 사건을 맡은 검사는 정말 겨울 휴가를 가고 없었다. 그는 공보 업무도 겸하는 인물로, 2015년 프랑크푸르트에서 사이비 종교에 빠진 한국인들이 퇴마 의식을 한다며 또 다른 한국인 한 명을 마구 때려 죽인 사건도 담당한 경력이 있었다.

떨떠름한 얼굴의 보안요원에게 검사 이름을 대고 출입 허가를 요청했지만 "물어볼 것이 있으면 검사에게 이메일을 보내보라"는 조언을 해줄 뿐이었다. 한국에서 정유라에 대한 관심이 얼마나 크고, 그래서 독일 검찰이 가진 정보가 얼마나 중요한데, 이런 상황에서 크리스마스 휴가를 가버리다니. 영화 대사처럼 "거, 너무한 거 아니오!" 하고 외치고 싶었지만 그건 내 사정이었다.

독일 검찰이 정유라를 피의자로 입건하고 소재를 파악하는 등 본격 수사에 들어갔다는 소식은 이미 JTBC 〈뉴스룸〉을 통해 보도가 된 상태였다. 우리 국회가 헤센 주 검찰에 공식 질의서를 보냈는데, 현지 검찰이 보내온 답변서에 정유라가 공식적인 '피의자'로 표현되어 있다는 내용의 보도였다. 이 답변서에서 헤센 주 검찰은 "정유라의 현재 거주지는 파악이 되지 않았고, 최순실이 독일 내 설립한 것으로 알려진 유령회사 네 곳과 자금 세탁 조력자로 알려진 사람들에 대해서도 수사가 진행 중"이라고 밝혔다. 우리는 답변서가 공개된 지 며칠이 지난 만큼 정유라가 독일에 있는 것이 맞는지 정도는 파악할 수 있을 거라고 예상했다.

이메일로 정유라의 구체적인 혐의는 무엇인지, 소재를 아는지, 소환을 했는지 등 여러 질문을 했다. 출장 오기 약 20일 전 마침 헤센 주 검찰총장 헬무트 퓐프진이 한국을 방문했고 JTBC가 단독으로 그를 인터뷰해 "최순실과 정유라는 독일 검찰의 수사 대상"이라는 공식 코멘트를 보도한 적이 있었다. 최대한 친한 척을 하기 위해 일부러 당시 인터뷰까지 언급하며 답변을 바란다고 이메일로 부탁했다.

반나절쯤 지나서 답변이 왔다. 내용은 인사말을 빼면 별것 없었다. "돈세탁 수사가 진행 중이지만, 의심이 가는 액수나 당사자 소환 여부 등 한국 언론에서 보도되는 사항들에 대해서 정확히 밝힐 수 없다"는 정도였다. 나뿐만 아니라 국내의 수많은 매체에서 이메일을 보냈으리라. 헤센 주 검찰 입장에선 성가시게 느껴졌을 수도 있었다. 게다가 크리스마스 휴가 시즌이 아닌가.

여전히 현장에 답이 있을까. 아니, 출장까지 온 마당이니 답은 현장에 있어야 했다. 하지만 이곳 검찰 쪽으로는 더 이상 취재할 수 있는 게 없었다. 적어도 새해가 밝고 정상 업무를 시작할 때쯤이 아니라면 담당 검사를 직접 만나 인터뷰를 하긴 어려워 보였다.

그 후에도 검사에게 몇 차례 이메일을 더 보냈다. 돌아온 답변은 역시 짧았다.

외교적인 사안이라 정보를 줄 수가 없다. 한국 언론에 나온 것도 확인해줄 수 없다. 단, 돈세탁 관련된 것을 수사하고 있다. 정유라의 행방도 찾고 있다.

이 영양가 없는 답변 뒤에 검사는 이 말도 덧붙였다. 차갑고 냉정하게…….

우리가 직접 만날 필요는 없으니 양해 바란다.

모든 길은 한식당으로 통한다

벤츠 택시를 보고 더 이상 놀라지 않을 만큼 우리는 독일에 빠르게 적응해갔다. 하지만 현지 검찰 취재 루트가 사실상 막힌 상태에서 할 수 있는 것은 그리 많지 않았다. 고민할 겨를도 없이 '마와리 모드'로 전환할 수밖에 없었다. 마와리(回り)는 '차례로 방문함', '회전' 정도의 뜻을 가진 일본어다. 주로 사회부나 정치부 기자들이 경찰서 혹은 국회의원 사무실을 돌아다니면서 기삿거리를 찾는 것을 일컫는 업계 용어다. 역시 '현장에 답이 있다'는 사상에 충실한 취재 방식이다.

아침 식사는 호텔 식당에서 해결했다. 나머지는 우리 교민이 운영하는 한식당 두 곳을 번갈아 방문해 사 먹었다. 한 곳은 프랑크푸르트 중앙역 근처 A식당. 정유라의 조력자 윤 모 씨가 최근까지 자주 드나들었다는 곳이다. 다른 한 곳은 최순실의 집과 호텔이 있는 프랑크푸르트 근교 오버우어젤의 S식당. 최순실 사태가 본격화하기 직전까지 최순실·정유라가 직접 여러 차례 찾아와 끼니를 해결했다는 곳이다.

두 음식점 사장과 직원 모두 앞서 다녀간 한국 취재진들에게 이미 질린 상태였다. 바쁜 식사 시간에 이것저것 캐묻는 한국 기자가 귀찮았을 것이다. 게다가 식당 관계자 상당수가 최순실·정유라의 조력자로 지목된 교민들과 어릴 적부터 '미운 정 고운 정'을 쌓아 막역한 사이였다. 정유라의 소재를 파악하는 데 큰 도움이 될 조력자가 어디에 있는지조차 언급하길 극도로 꺼렸다. "며칠 전까지 통화가 됐는데 최근에는 연락이 끊겼다"라며 자리를 피하면 더 붙일 말도 없었다.

그래서 식사를 하면서 묻는 게 최선이었다. 음식 가격은 만만치 않았다. 돌솥비빔밥 16유로, 새우볶음밥 17유로, 불고기 뚝배기 17유로. 우리 돈으로 따지면 밥 한 끼에 2~3만 원이었다. 가게 안에 들어설 때와 식사를 하고 나갈 때면 몇 번이고 "비싸도 계속 먹으러 올 테니까 정유라가 어디에 있는지 소문이라도 들리는 대로 좀 알려주세요" 하고 간절함을 전달했다. 프랑크푸르트 취재는 한식당에서 시작해서 한식당에서 끝났다고 해도 과언이 아니다.

성과도 있었다. 처음에는 정유라에 관한 질문 자체를 꺼리던 식당 사장과 직원들이 나중에는 "오늘은 뭐 좀 건진 게 있어요?"라고 먼저 물을 정도로 서로 편해졌다. 결정적인 단서는 아니었지만 분위기 파악 정도는 할 수 있는 이런저런 이야기도 들려주었다. S식당 관계자 K씨는 자신이 얼마 전 돈세탁에 관한 수사를 받은 경험을 들려주었다.

"한 달 전이랑 일주일 전, 이렇게 두 번 프랑크푸르트와 비스바덴의 경찰이 우리 집에 찾아왔어. 내 은행 계좌에서 큰돈이 들어오고 나간 내역을 들이대면서 따져 묻는 거야. 나는 원래 해오던 사업이 있으니까 그런 돈이 오가는 게 일상적인데 경찰이 꼬치꼬치 캐물으니까 뭔가 이상했지. 그러면서 대뜸 '최순실을 아느냐?'고 하더라고. 그러고는 조사받은 사실을 다른 사람에게 알리지 말라는 당부를 하고 돌아갔어."

K씨는 최순실과 친분이 있는 다른 교민 몇 명도 비슷한 조사를 받았다고 들었지만, 수사 당국이 발설하지 말라고 누차 강조했기 때문에 서로 조심하는 분위기라고도 했다.

S식당 관계자의 귀띔으로 한 교민이 운영하는 현지 회계세무법인도 찾아가보았다. 최순실이 2016년 초에 세운 더블루K 독일 법인에서 일감을 받았던 업체. 더블루K에서 보내온 영수증이나 회계장부를 독일 세무 당국에 신고할 수 있도록 정리해 세금 환급 등을 돕는 역할을 했다고 한다. S식당에서 차로 몇

분 걸리지 않는 곳이었다. 해가 진 후 찾아갔는데도 다행히 건물 안에 있던 현지인 직원이 우리를 반갑게 맞아주었다. 이 직원으로부터 연락을 받고 로비로 내려온 한국인 직원은 최순실의 회사와 업무를 하면서 꺼림칙한 점이 있었다고 말했다.

"최순실 회사가…… 정상적인 회사와 달리 좀 이상했어요. 회사가 제대로 된 매출도 없었거든요. 그래서 이것저것 물품 구매한 비용만 청구했는데, 더군다나 회계 처리를 의뢰한 내역을 보면 더블루K 업무와는 무관한 것들이 많더라고요. 인보이스(invoice, 거래 상품 명세서)가 하도 이상해서 우리 담당 부서 안에서도 말이 많았어요."

최순실이 국내 대기업으로부터 돈을 끌어오는 '자금 창구' 역할을 한 게 더블루K 독일 법인이 아니냐는 의혹이 짙은 상황이라 이 대목은 의미가 있었다. 다만, 이 직원은 "3개월가량 더블루K와 일했지만 최순실 관련 보도가 터진 이후 업무를 중단했다"면서 자신들의 회사와 최순실의 돈세탁 혐의는 무관하다고 줄곧 강조했다.

이렇게 더디지만 취재는 계속됐다. 어느덧 독일에서 크리스마스를 맞았다. 오 선생님도 이날은 쉬기로 했고, 우리는 택시를 이용해 한식당 정도만 돌고 오기로 했다. 평소보다 짐을 가볍게 했다. 나는 펜과 노트를, 이학진 선배는 카메라와 배터리

몇 개를 챙겼다. 크리스마스에 프랑크푸르트 곳곳을 다니는 것은 어찌 보면 추억이 될 만한 장면이긴 했다. 이동하는 도중에 아름다운 성당의 높은 첨탑이 보였다.

"정유라도 크리스마스니까 성당에 왔을 수도 있지 않을까요?"

시답지 않은 농담을 하며 잠시 성당에 들러 나름대로 크리스마스를 기념했다. 나중에 알고 보니 그곳은 관광객 필수 코스로 꼽히는 프랑크푸르트 대성당이었다.

세계 속의 근면 성실한 한국인이라고 했던가. 우리의 취재 핵심 포인트가 된 한식당 두 곳은 크리스마스 당일에도 영업을 쉬지 않았다. 오히려 한국에서 온 기업 주재원 가족들이 크리스마스를 맞아 식사를 하러 온 탓에 평소보다 더 붐볐다. 우리도 크리스마스를 핑계로 평소 먹던 1인 1식사에 더해 8유로짜리 누룽지를 추가로 주문했다. 한국의 식당에서 먹던 것과 거의 비슷한 구수하고 뜨끈한 누룽지 숭늉이 목 뒤로 넘어갔다. 하지만 눈과 귀는 다른 테이블의 손님과 출입문을 향해 있었다. 크리스마스인 만큼 혹시, 아주 혹시나 정유라가 고국의 맛을 찾아 이곳에 오지는 않을까 싶어서였다.

퍼즐 조각을 모으며

그 무렵엔 프랑크푸르트의 길거리나 카페, 식당에서 우리나라 방송사 로고가 찍힌 카메라를 심심찮게 볼 수 있었다. 2016년이 며칠 남지 않는 이 시점에 독일 프랑크푸르트로 때아닌 한국의 취재진 출장 러시가 이어졌다. 사정은 비슷해 보였다. 한식당이나 정유라의 주변인물이 다녔다는 회사 사무실 등에서 간간이 마주칠 때면 '저 친구도 아직 집에 못 갔구나' 하는 애처로운 마음도 들었다.

한식당 공략은 계속됐다. 우리에게 돈세탁 관련 수사를 받은 경험을 들려줬던 K씨는 또 다른 교민 H씨를 소개해주었다. 슈니첼(육류에 빵가루를 입혀 튀긴 대표적인 독일 요리) 식당을 운영하는 그는 정유라와 접촉을 하고 있다고 알려진 조력자 윤 씨와 가장 최근까지 연락을 주고받았던 인물이었다. 정유라의 행적을 파악하기 위해 윤 씨를 만날 필요가 있었기 때문에 H씨의 도움은 절실했다. 그는 또 최순실 국정농단 사태가 본격화하기 전까지 더블루K에서 근무한 사람 몇 명도 알고 있었다. 결과적으로 K 씨의 도움으로 '마와리' 장소가 한 군데 더 늘어난 셈이었다. 취재 영역이 확장된 것에 대한 뿌듯함이 차올랐다. 처음에는 간단한 대답도 하기 귀찮아했던 K씨가 마음을 열어 지인을 연결해준 것에 대한 고마움도 컸다.

H씨의 식당은 이민자들이 모여 사는 허름한 주택가 인근에 있었다. H씨는 내게 조력자 윤 씨와 직접 전화 통화를 시켜주려고 여러 차례 시도했지만, 윤 씨는 평소 친분이 있던 H씨의 전화조차 받지 않았다.

"정확한지는 모르겠지만 어쨌든 하도 찾아오니까 말해주는 거야."

귀찮다고 손사래 치면서도 은근히 친절했던 H씨는 정유라로 추정되는 여성을 본 이야기를 들려주었다.

"프랑크푸르트 중앙역 근처에 중국 식당이 있어. 거기서 2주 전쯤인가, 정유라랑 비슷한 사람을 봤지. 젊은 사람 한 무리가 저녁 시간에 나오는데 그중 정유라 같은 사람이 있었어. 아기는 없고 야구 모자를 쓰고 있더라. 그 사람이 돈을 냈는지 다른 사람들이 정유라와 닮은 이에게 잘 먹었다고 인사를 하더라고."

우리는 서둘러 프랑크푸르트 중앙역 인근의 중식당을 수소문했다. 하지만 그 목격담에 등장한 여성이 정유라인지 확인할 수는 없었다.

그 무렵 국내 한 일간지에 정유라가 조력자 윤 모 씨와 함께 BMW 승용차를 타고 프랑크푸르트 시내의 명품 거리를 다니는 모습이 포착됐다는 보도가 나왔다. 지면에 실린 사진을 보니 차 뒷 유리창 안쪽으로 사람의 뒤통수가 흐릿하게 보였다. 정유라가 맞을까. 맞다면 적어도 프랑크푸르트 또는 그 주변 도시에 은신처가 있을 가능성이 컸다. 하지만 우리가 만난 교민들은 사진 속 인물이 정유라라고 단정하기는 어렵다는 분위기였다. BMW도 조력자 윤 씨의 동생이 몰던 차와 같은 차종이라고는 했지만 그 이상 확인되는 것은 없었다.

교민 사회에서 이미 최순실과 정유라는 뜨거운 이슈였다. 하지만 여러 루트로 우리에게 들어오는 제보나 교민들의 증언 중어느 것 하나 확실한 것은 없었다. 그렇다고 의미가 없는 것은 아니었다. 우리가 움직일 수 있는 원동력이 바로 제보와 증언이었다. 퍼즐이 맞춰지고 있다는 느낌은 덜했지만, 일단은 퍼즐 조각을 최대한 모아놓자는 생각으로 조금 더 다녀보기로 했다.

엇나간 인물평

"사장님, 안녕하세요. JTBC 이가혁 기자입니다. 심수미 선배 소개로 전화드립니다."

"어, 그래요. 두 달 전에 최순실 찾는다고 심 기자도 여기 다녀갔는데. 지금 어디세요? 일단 오세요. 가만 있어보자, 주차할 곳이 있나 모르겠네. 어, 지금 건물 앞에 자리가 났네요. ○○식당 맞은편 건물 2층이에요."

프랑크푸르트 중심가에서 게스트하우스를 운영하는 J사장님. 최순실을 추적하기 위해 나보다 앞서 독일을 다녀간 심수미 선배가 한번 도움을 청해보라고 일러준 분이다. 독일에서 최순실의 법률대리인을 맡은 교민 2세 박 모 변호사를 만나야 하는데 쉽지 않았다. 박 변호사는 비덱스포츠 전신인 코어스포

정유라를 찾아서

츠와 더블루K 독일 법인 설립에 관여하고, 최순실 사태 후 더블루K 독일 법인 청산 절차도 맡고 있는 핵심 관계자다. 그러나 출국 때부터 독일 일정 내내 걸림돌이었던 크리스마스와 연말이 문제였다. 박 변호사가 내 전화를 피하는 건 아니었지만, 얼굴을 맞대고 직접 자세한 이야기를 나누기가 쉽지 않았다.

낡은 건물의 좁은 계단을 올라 J사장님의 게스트하우스로 찾아갔다. 어두운 복도를 지나 문을 열자마자 식당 겸 거실이 나왔다. 안쪽에는 배낭여행객 몇 명이 보였다. 그들을 부러운 눈으로 바라보며 역시 프랑크푸르트는 여행으로 와야 제맛이지, 하고 생각하는데 청소를 마친 J사장님이 우리 쪽으로 오며 반갑게 맞아주었다.

"먼 길 오느라 고생했어요. 프랑크푸르트엔 언제 도착한 거예요? 정유라 때문에 난리네, 난리."

"그러게요. 한국에서도 난리예요. 여기서도 찾을 방법이 마땅히 없는 것 같고."

"맞아요. 소문만 무성하지, 교민들도 어디에 있는지 정확히 알 방법이 없다니까요. 일단 커피부터 좀 마셔요."

나와 이학진 선배, 오 선생님을 위해 커피를 내린 J사장님은 잔을 놓으며 테이블 맞은편에 앉았다. 내가 특별히 질문한 것도 아닌데 J사장님은 여러 말을 이어갔다. 현지 검찰도 정유라를 찾고 있다는데 생각보다 적극적이지 않은 것 같다, JTBC

〈뉴스룸〉은 매일같이 챙겨보고 있다, 한국에서 온 기자가 이렇게 많은데 정유라가 이제 한식당에 나타날 가능성은 적지 않겠느냐 등등.

"가만 있어보자, 정유라를 찾으려면 어떻게 해야 할까. 박○○ 변호사라고 있는데 만나봤어요?"

J사장님은 내가 도움을 청하고자 했던 박 변호사와의 만남을 귀신같이 먼저 언급했다.

"잘하면 오늘 저녁에 직접 만나볼 수 있을 것 같기도 한데. 교민들이 운영하는 축구동호회가 있는데, 마침 오늘 연말 저녁 식사 모임을 한다고 하더라고. 박 변호사도 축구 모임 멤버니까, 아마 거기 가면 있을 거예요."

J사장님은 주변 지인들에게 수소문해 교민 축구동호회 모임이 열리는 시간과 장소를 알려주었다.

날이 저물자 J사장님이 일러준 모임 장소를 찾아갔다. 분명 독일 프랑크푸르트인데 숲속 건물 한쪽에서 한국 트로트가 울려 퍼지고 있었다. 2016년을 마무리하는 겨울밤, 교민들끼리 푸짐하게 음식을 차려놓고 노래도 부르는 정겨운 현장이었다. 순간 한국에 있는 가족이 떠올랐지만, 얼른 생각을 지우고 일단 건물 밖에서 기다렸다. 거하게 취기가 오른 교민 몇 명이 밖으로 나와 우리에게 "들어와서 음식 좀 드세요" 하고 권했다.

우리는 친절에 감사하며 "박 변호사님 좀 불러주세요" 하고 부탁했다. 박 변호사는 흔쾌히 나와주었다. 그리고 불쾌할 법한 상황인데도 쏟아내는 질문에 차분하게 답해주었다.

"삼성이 어떻게 최순실의 회사를 지원하게 된 건가요?"

"최순실 회사가 신생 회사인데 그런 지원을 받은 걸 보면 그 전에 뭐가 있었겠죠. 삼성 쪽에서 실제로 어떻게 후원했는지는 삼성이 더 잘 알 테고요."

박 변호사는 자신은 법률대리인으로서 법적 테두리 안에서의 역할만 했을 뿐이라고 말했다. 한국에서 제기되고 있는 의혹, 즉 '박근혜 대통령 – 삼성 – 최순실'이란 삼각 고리에 대한 부분은 자신과 무관하다고 줄곧 강조했다.

이날 한국에서는 특검이 인터폴에 정유라를 적색수배 명단에 올려달라고 요청했다는 뉴스가 나왔다. 교민들도 정유라가 자진 귀국을 할지, 도피 생활을 이어나갈지 촉각을 곤두세우기 시작했다.

취재 결과물이 조금씩 모아졌다. 그래서 JTBC 〈뉴스룸〉을 통해 리포트를 내보내기 시작했다. 정유라를 찾지는 못했지만 그 과정에서 유의미한 소식은 알리자는 취지였다. 그렇게 보도가 나가자 서울의 보도국과 프랑크푸르트 현지에 있는 내게 정유라 추적에 도움이 될 만한 제보가 조금씩 들어왔다. 뮌헨에

사는 한 교민은 자신의 연락처를 메일로 보내주기도 했다.

"JTBC 이가혁 기자입니다. 프랑크푸르트에 있는데요, 이메일 보고 전화드립니다."

"네, 뉴스 잘 보고 있어요. 여기 뮌헨인데 조력자라는 윤 모 씨를 아는 사람들이 좀 있더라고요. 이런저런 사업으로 엮인 사람들인데 평판은 별로 좋지 않네요. 특검에 쫓기는 정유라를 도울 만큼 의리가 있을 것 같지 않다는 말도 있고요. 아직 정유라가 이쪽에 나타났다는 이야기는 없는데 혹시 뭔가 들리면 바로 연락드릴게요."

언제부턴가 낯선 사람을 만나면 내 나름대로 상대를 분석하는 버릇이 생겼다. 모든 기자가 그런 것은 아니겠으나, 나는 기자라는 직업 특성 때문에 생긴 버릇이라고 생각하고 있다. '이 사람은 이럴 것이다'라는 부정확할 가능성이 큰 인물평을 마음속으로 하고선, 그 사람의 말본새를 다시 찬찬히 살핀다. 그리고 웬만큼 벗어난 게 아니라면 '내 생각이 맞았다'고 결론짓고, 그 편견 그대로 상대를 대한다. 솔직히 J사장님의 경우, 지나치게 친절하고 살가운 모습에서 오히려 왠지 모를 의구심이 느껴졌다. 나한테 무언가 바라는 것이 있는 건 아닌가 하는 생각까지 들었다. 하지만 시간이 지나면서 J사장님에 대한 내 인물평이 틀렸다는 것을 깨달았다. 그는 내 출장 기간 내내 전화와 카카오톡으로 여러 조언을 해주었고, 내게 아무것도 바라거나 요구하지 않았다. 정유라를 찾고 보도가 나간 후에도 축하한다는 격려의 메시지만 보내왔다.

경찰에게 쫓겨나다

현지 교민 커뮤니티는 그리 넓지 않았다. 한인 교회나 교민이 운영하는 사업체를 수소문하면서 최순실·정유라 모녀와 인연이 있다는 사람들의 이름이나 주소 정도는 파악할 수 있었다. 하지만 주소지를 찾아가보면 이미 오래전에 이사를 갔거나, 집을 오랫동안 비우고 휴가를 떠난 경우가 많았다. 사람을 찾는 일은 참 더디고 비효율적인 과정이 필요하다. 휴대전화 번호라도 알려주면 좋으련만, 처음 만난 기자에게 섣불리 개인 정보를 넘겨주는 것이 쉬운 일은 아닐 터였다. 그럼에도 현지에서 만난 교민들은 "고생이 많다", "〈뉴스룸〉 잘 보고 있다"며 대체로 호의적이었다. 호의를 넘어 더 적극적으로 한국에서 나오는 보도 내용을 실시간으로 모니터링하며 "이건 좀 소설에 가까운

데……" 또는 "이 기사에 나오는 이 사람 만나봐" 하며 조언을 해주는 분도 있었다.

정유라의 도피 생활을 돕고 있거나 적어도 정유라가 어디에 있는지 알 거라고 꼽히는 인물이 있었다. 뉴스에 여러 차례 등장한 윤 모 씨, 그리고 윤 씨와 호형호제하는 사이로 알려진 유 모 씨였다. 이중 윤 씨는 잇따른 언론 보도에 부담을 느낀 탓인지 평소 자주 연락하던 친한 친구들과도 연락을 끊은 것으로 파악됐다. 윤 씨보다는 상대적으로 언론의 주목도가 떨어져 접촉 가능성이 큰 유 씨를 찾아나섰다. 다행히 유 씨의 집주소를 반나절 만에 파악할 수 있었고, 우리는 곧장 그의 집으로 향했다.

조용한 주택가에 작은 마당이 딸린 단층짜리 집이었다. 초인종을 눌렀지만 아무런 응답이 없었다. 일단은 누군가 오길 기다리며 차에서 마냥 기다리는 일명 '뻗치기'를 시작했다. 한적한 마을의 주택 사이에 떡하니 차를 대고 뻗치기를 하는 건 꽤 떨리는 일이다. 세 사람이 한동안 차에서 내리지도 않고 멍하니 앉아 있는 것도, 이따금씩 한두 명이 차에서 내려 어느 한 집의 초인종을 누르고 울타리 안쪽을 살피며 어슬렁거리는 것도, 모두 마을사람들이 보기엔 의심스러울 수밖에 없다. 그래도 늘 그렇듯 달리 방법이 없으므로 '현장에 답이 있다'를 마음속에 새기며 기다렸다. 한 시간쯤 지났을 무렵, 아무도 없는 줄 알았던 집 안에서 10대 후반 또는 20대 초반 정도로 보이는 청년이 현관문을 열고 밖으로 나왔다. 주변을 조심스럽게 살피다가 모자를 눌러쓰고 자전거에 올라타려던 청년은 차 안에 있던 우리를 발견했다. 눈이 마주친 순간, 이 청년이 한국 사람이라는 것을 알 수 있었다. 우리가 만나야 할 유 씨의 아들일 확률이 컸다. 혹시나 청년을 자극할까봐 차에 이학진 선배와 오 선생님을 두고 나만 내려서 말을 걸었다.

"안녕하세요? 한국에서 온 방송국 기자인데 아버지 유○○ 씨를 만나뵙고 싶어서 왔습니다. 아드님 맞으시죠? 혹시 아버지가 집에 계시나요?"

내 말을 이해한 것이 분명했다. 청년의 얼굴 표정이 차갑게 굳었다. 그는 곧바로 독일어로 짧게 몇 마디 쏘아붙였다. 알아듣지는 못했지만 신경질적인 반응이었다. 손동작이나 표정으로 미뤄볼 때 "왜 남의 집 앞에 있느냐. 당장 집 앞에서 꺼져라"라는 것 같았다. 몇 마디 쏘아붙이던 청년은 자전거를 타고 빠르게 사라졌다.

달려가 붙잡아야 하나. 차 안에 있던 오 선생님을 쳐다봤더니 고개를 저으며 '더 말을 걸지 않는 게 좋겠다'는 신호를 보내왔다. 이해가 되기도 했다. 아마도 최근 한국의 언론 보도가 이어지면서 유 씨 역시 이런저런 불편을 겪었을 것이다. 그런 가장의 모습을 보는 가족들의 고충도 많았으리라. 그런데 한술 더 떠 한국에서 온 기자가 집 근처를 어슬렁거리니 신경질이 나지 않을 수 없었을 것이다. 이제 유 씨를 만날 확률은 낮아졌다. 그 청년이 기자가 집 앞에 진을 치고 있다는 걸 아버지에게 연락해 알려줬을 가능성이 컸으니까. 하지만 그럼에도 우리는 조금 더 차에서 기다려보기로 했다. 끈기가 있어서가 아니라 그게 유일한 방법이었으므로.

몇 분 후, 아예 떠난 줄 알았던 청년이 다시 우리에게 다가왔다. 그리고 처음보다 더 신경질적으로 뭐라고 독일 말을 퍼붓더니 스마트폰을 꺼내 어디론가 전화를 걸었다. 앞으로 벌어질 일이 예상이 됐다. 한국에서 뻗치기를 할 때도 가끔 겪는 상황이다.

청년이 전화를 한 곳은 현지 경찰서였다. 5분도 채 되지 않아 경찰 두 명이 도착했다.

"무슨 목적으로 이곳에 차를 대고 있는 거죠? 거기 카메라 끄세요."

"한국에서 온 방송국 뉴스 취재진입니다. 우리는 보다시피 집 안이 아니라 이렇게 건너편 도로에 있고요. 남의 집 안에 함부로 들어가면 안 된다는 것은 우리나라에서도 상식입니다."

독일 국적자인 통역 담당 오 선생님은 경찰 수사를 받을 경우 불필요한 피해를 입을 수도 있어 차 안에 남아 있도록 했다. 대신 내가 짧은 영어로 대응했다. 다행히 경찰은 나와 이학진

선배의 여권, 그리고 JTBC 로고가 찍힌 회사 명함을 확인하고
는 더 이상 질문을 하지 않았다. 이미 한국에서 온 기자 여러
명이 최순실·정유라 때문에 프랑크푸르트 일대를 돌아다닌다
는 것을 아는 눈치였다.

"길가라 하더라도 계속 주차를 하면 안 됩니다. 마을사람들
이 불안감을 느낄 수도 있고요. 이곳에서 당장 차를 빼고 떠나
십시오."

키가 큰 독일 경찰은 정중하게, 그러나 매몰차게 우리를 쫓
아냈다. 유 씨를 만나는 것도 일단은 포기해야 했다.

우연히 찍어둔 사진 한 장

2016년이 채 나흘도 남지 않은 시점, 예상한 대로 프랑크푸르트 시내는 겨울 휴가 분위기가 더욱 짙어지고 있었다. 더블루K 독일 법인과 관련된 업체, 법률 업무를 대행했던 변호사 사무실, 최순실이 운영한 비덱타우누스 호텔과 얽힌 여러 회사를 방문하는 일도 쉽지 않았다. 전화를 걸면 "2주 후에 사무실로 돌아온다"는 자동 응답만 나왔고, 직접 찾아가면 아직 일과 시간인데도 불이 꺼진 채 문이 잠긴 곳이 많았다.

프랑크푸르트 외곽의 한 오피스빌딩에서 일하는 최순실 주변인물을 찾았다가 허탕을 치고 나오는 길이었다. 불 꺼진 복도를 거슬러 다시 출입문을 찾고 있었다. 어두운 복도 반대편에서 한국 사람의 목소리가 들렸다.

"한국분이세요? 누구 찾아요?"

먼저 우리에게 말을 걸어온 것으로 보아, 우리가 만나야 할 사람은 아닌 듯했다.

"이야, JTBC네. 근데 여기 다 휴가 가고 없어요."

카메라를 보고 취재진임을 알아본 그는 반갑게 인사를 건넸다. 혹시나 하는 마음에 그를 붙잡고 몇 가지를 물었다. 선한 인상의 중년 남성은 차분하게 아는 것을 대답해주었다.

"여기서 이러지 마시고 잠깐 저희 사무실로 들어와보실래요?"

그가 대뜸 자신의 사무실로 우리를 이끌었다. 무언가 보여줄 것이 있다는 듯 자신 있게 우리를 이끄는 걸로 봐선 시간 낭비는 아닐 것 같았다. 그를 따라 도착한 곳은 우리가 만나고자 했던 인물의 사무실과 같은 층에 있는 다른 회사였다. 우리를 데려온 남성은 이 업체 사장 박 모 씨. 박 사장님은 자신의 스마트폰을 꺼내 사진 한 장을 보여주었다.

"이게 얼마 전에 찍은 건데, 등기우편물이거든요. 확대해서 자세히 보세요."

봉투에 적힌 받는 사람 주소가 독일어인데도 익숙했다.

Firma Widec Sports GmbH.

최순실 소유 회사인 비덱스포츠였다. 그런데 보낸 사람 주소가 특이했다. 독일도 한국도 아닌 오스트리아 티롤(Tirol) 주에 있는 한 로펌이었다.

"비덱스포츠네요. 이 우편물을 직접 받으신 거예요? 어떻게 찍은 사진이죠?"

"여기 근처 변호사 사무실에서 비덱스포츠 법률 업무를 맡고 있다고 하더라고요. 근데 며칠 전에 우리 사무실로 온 우편물에 잘못 섞여서 왔어요. 주소를 보니까 뉴스에 매일 나오는 비덱스포츠더라고요. 혹시 몰라서 일단 봉투 겉면만 이렇게 사진을 찍어놓고 반송했죠."

"어떻게 사진 찍을 생각을 다 하셨어요?"

"그러게. 왠지 찍어놔야겠더라고요. 근데 이렇게 딱 JTBC 취재팀을 만났네."

정말 현장에 답이 있구나. 온몸에 기운이 솟는 느낌이었다. 독일 이외의 국가에도 최순실·정유라 모녀가 소유한 부동산이나 유령회사가 있을 것이라는 소문이 무성했다. 그런데 독일과 바로 인접한 오스트리아의 한 로펌에서 비덱스포츠로 보내온 등기우편이라니. 당장이라도 그 로펌을 찾아가 무슨 내용으로 보낸 것인지 확인해보고 싶었다.

박 사장님도 거들었다. 티롤은 동계 스포츠 휴양지로 유명한 곳이라, 그곳에서도 최순실이 스포츠 관련 사업을 벌이려고 하지 않았겠느냐는 추측이었다. 수사망이 좁혀올 것을 대비해 이미 독일 밖으로 재산 일부를 빼돌렸을 수 있다는 것도 마냥 잘못된 추측은 아니었다. 같은 층에 있던 다른 업체 한인 사장님까지 합세해 머리를 맞댔다. 불과 30분 전까지만 해도 일면식도 없던, 아니 이 세상에서 서로의 존재조차 몰랐을 나와 독일 교민 사장님 두 명이 함께 머리를 맞대고 '정유라 추적 전략회의'를 하고 있다니. 전 세계 74억 인구 중에서 내가 이들과 운명처럼 만나게 된 것을 어떻게 설명해야 할까. 그것도 2016년 끝자락에 독일 프랑크푸르트에서 말이다.

진눈깨비를 뚫고 오스트리아로

"아, 왜 이리 전화를 안 받아."

예상은 했지만 전화를 너무 받지 않았다. 우리나라에선 로펌이라 하면 그래도 평일에 전화 한 통 받을 직원 정도는 남겨두지 않나. 하지만 오스트리아 휴양도시에 있는 로펌은, 그럴듯한 홈페이지의 설명과는 달리 한가해도 너무 한가했다. 도무지 전화를 받지 않았다. 분명 연초까지 휴가를 내고 떠난 듯했다. 출장 내내 꼬리표처럼 따라붙은 크리스마스와 연말연시라는 시기적 약점은 우리를 이렇게 끈질기게 괴롭혔다.

오스트리아 역시 독일어 사용 국가인 덕분에 오 선생님께 일정 중간중간 계속 로펌에 전화 통화를 시도해달라고 부탁드렸다. 그리고 이틀 만에 드디어 사무실 직원과 통화가 됐다. 이 직원은 "업무 담당자들이 모두 퇴근했으니 내일 다시 전화를 달라"고 답했다. 그게 끝이었다. 오스트리아 티롤로 움직일 것인지 말 것인지 결정을 내려야 했다. 프랑크푸르트에서 지난 일주일 동안 최순실·정유라에 관해 말해줄 수 있는 사람들은 많이 만났다. 일부 교민은 "정유라가 프랑크푸르트를 벗어나지 않았다면 적어도 식료품점에라도 모습을 드러내야 하지 않겠느냐"면서 다른 지역으로 거처를 옮겼을 가능성을 제기했다. 충분히 가능한 시나리오였다. 우리뿐만 아니라 한국에서 온 여러 취재팀이 프랑크푸르트의 한인 커뮤니티 곳곳을 훑으면서 정유라의 소재를 알 만한 사람들은 모두 접촉하고 있었다. 그러나 뚜렷하게 단서가 잡히는 것은 없었다.

프랑크푸르트에서 오스트리아 티롤까지는 600킬로미터, 차로 달리면 여섯 시간 정도면 닿을 수 있는 거리였다. 우리는 결국 티롤에 가서도 프랑크푸르트의 슈니첼 식당 사장님이나 게스트하우스 사장님같이 우리에게 도움을 줄 누군가가 나타날 것이라고 기대하며 오스트리아로 출발했다.

오 선생님의 차는 오래된 탓에 회사에 허락을 구해 튼튼한 SUV 한 대를 빌렸다. 날씨가 좋지 않았다. 고속도로에 진입하자마자 진눈깨비가 추적추적 내렸다. 게다가 그동안 별문제 없던 휴대전화도 통신 전파를 잘 감지하지 못해 말썽이었다.

한 시간쯤 지났을 무렵, 서울에 있는 후배 이상엽 기자로부터 연락이 왔다.

"선배, 보도국으로 제보가 들어왔는데, 정유라가 있을 가능성이 큰 곳을 안다는 사람입니다. 연락 한번 해보세요."

그리 큰 기대는 하지 않았다. 어느 정도 달리다가 덜렁 간이 화장실 하나뿐인 휴게소에 차를 대고 한국에 있는 제보자에게 연락을 취했다. 한국 시간으로는 저녁 8시 무렵이었다. 그러나 제보자는 전화를 받지 않았다. 하는 수 없이 일단 차를 출발시켜 다시 오스트리아로 향했다. 10여 분 후 문자 메시지가 도착했다.

수신 누구시죠? 진동으로 해둬서 전화를 못 받았네요.
발신 현재 독일에서 취재 중인 이가혁 기자라고 합니다. 정유라의 위치 관련해서 제보를 주셨다고 해 연락드렸습니다.

잠시 후, 제보자가 전화를 걸어왔다. 한국에서 미디어 관련 일을 하고 있다는 제보자 이 모 씨는 과거 업무 때문에 독일에 갔을 때 알게 된 한 독일 교민으로부터 정유라의 은신처가 있다는 곳을 들었다고 했다. 즉 자신이 직접 파악한 정보가 아니라 그 역시 남에게 들은 정보였다. 고속도로를 달리던 중이라 그런지 전화 상태가 매우 좋지 않았다. 어렵게 통화를 마치고 문자 메시지로 정유라의 은신처에 관해 전해 들은 내용을 보내달라고 부탁드렸다. 이 씨의 음성은 간혹 뚝뚝 끊겨 전달됐지만, 어쩐지 느낌이 좋았다. 먼저 자발적으로 JTBC 보도국으로 제보를 한 그는, 이후 내가 남긴 부재중 전화에 다시 직접 국제전화를 걸어 답신을 해주었다. 한국 시간으로는 이미 퇴근을 했거나, 직장 동료들과 일과 후 연말 회식을 즐기고 있을 시간이었다. 고속도로라 그런지 자꾸 뚝뚝 끊겨 짜증 날 법한 전화 통화를, 내가 먼저 끊기 전까지 그는 계속 받아주었다. 통화 내내 그의 선의와 성의가 느껴졌다. 아니, 그렇게 느끼고 싶었는지도 모르겠다.

덴마크, 한번 가보죠

곧 문자 메시지가 또 도착했다. 문자 내용을 보고 깜짝 놀랐다. 내가 머물렀던 독일도 아닌, 지금 향하고 있는 오스트리아도 아닌, 덴마크였다. 그 옆에 적힌 'Aalborg'라는 건 어떻게 읽어야 할지 감도 잡히지 않았다. 이 Aalborg라는 곳이 대체 어디고, 가는 데 얼마나 걸리는지 빨리 알아보고 싶은데 이놈의 휴대전화는 인터넷 접속이 먹통이었다. 내 휴대전화는 그렇다 치더라도 통역 담당 오 선생님의 독일 휴대전화는 왜 또 먹통인지. 전파가 잡힐 때까지 오스트리아를 향해 계속 달렸다.

드디어 휴대전화 화면에 안테나 몇 개가 표시됐다. Aalborg를 검색해보니 우리말로는 올보르그, 알보르, 올보르 등으로 읽혔다. 이번 출장 내내 든든한 동반자였던 구글맵으로 위치를 확인해보니 이 Aalborg까지는 독일 프랑크푸르트를 기준으로 무려 950킬로미터나 되었다. 기차나 비행기를 탄다면 여러 번 경유할 수밖에 없는 코스였다. 이런저런 경우의 수를 따져보니 그냥 차를 몰고 한 번에 가는 게 최선이라는 결론이 났다. 그런데 남은 문제가 하나 있었다. 선의와 성의를 보여주었다지만 제보자 말만 믿고 덴마크로 갈 것인가. 제보자 이 씨와 문자 메시지로 대화를 이어나갔다.

> **발신** 고맙습니다. 지인분과도 꼭 좀 전화 통화라도 해보고 싶습니다.
> **수신** 지금 연락해보는 중입니다만, 전화를 안 받네요. 계속 전화해보고 연결되면 의사를 물어 문자드릴게요.
> **발신** 한 줄기 빛과 같은 제보자이십니다.
> **수신** 진짜여야 하는데요. 제 입장에서도 다들 고생하실 텐데 부담되네요.

잠시 후, 간절히 기다리던 문자가 왔다.

> **수신** 직접 전화드린답니다.

몇 분 후, 전화 한 통이 걸려왔다. 휴대전화 화면에는 '발신자 번호 표시 제한'이라는 글자가 떠 있었다. 자신이 누구인지 노출되는 것을 꺼리는 제보자. 나는 어쩌면 한 번밖에 없을 이 전화 통화를 통해 오스트리아로 향하고 있는 차를 돌릴지 말지를 결정해야 했다.

상대는 목소리가 또랑또랑한 여성이었다. 독일에서 30년 넘게 살고 있다는 그는 이름은 물론 직업이나 독일 내 거주지에 대해서도 구체적으로 말해줄 수 없다고 했다. 교민 사회가 좁다보니 민감할 수밖에 없다며, 이런 자신을 이해해달라면서 오히려 미안해했다.

"결정은 기자님이 하시는 거지만, 정유라가 이미 프랑크푸르트를 떠났다는 말들이 나오는 상황이니까, 직접 한번 가보시는 것도 나쁘지 않을 것 같아요."

상대방의 이름도 성도 모른 채 10분간 대화를 하고 전화를 끊었다. 느낌은 좋았다. 독일에서 30년 넘게 살았다는 것으로 보아 분명 나보다 나이가 훨씬 많음에도 그는 계속 존댓말을 썼다. 과연 믿어도 되는 제보자인지 판단하기 위해, 내가 너무 면접관 같은 태도로 꼬치꼬치 캐물은 것이 조금 미안하게 느껴졌다. 조급하게 이어지는 질문에 그가 "그러실 수밖에 없을 것"이라며 여유 있게 답해준 것이 고마웠다.

이제 판단하고 결정을 내려야 했다. 차를 잠시 세웠으면 좋겠는데 마땅한 곳이 보이지 않았다. 오스트리아든, 덴마크든 어느 것 하나 확실한 것은 없었다. 카메라기자 이학진 선배와 통역 오 선생님은 기꺼이 내 판단에 따르겠다고 했다.

"덴마크, 한번 가보죠."

설사 허탕을 치더라도 가보는 것이 낫겠다는 판단이 들었다. 우편물 사진을 보여줬던 박 사장님과의 즉흥 전략회의도 감사했지만, 일단 한국과 독일에서 온 제보 전화를 우선순위로 두기로 했다. 고속도로를 빠져나와 다시 프랑크푸르트로 향하는 반대편 고속도로로 진입했다. 진눈깨비 때문에 차가 천천히 달릴 수밖에 없었던 게, 거꾸로 되돌아가야 하는 입장이 되니 얼마나 다행인지 몰랐다.

원래 목적지였던 오스트리아 티롤의 로펌과도 다시 전화 연락이 닿았다. 이번엔 비서가 아닌 업무와 더 직접적인 관련이 있는 상급 직원이었다. 알고 보니 이 로펌은 오스트리아 커피 브랜드 T업체의 법률대리를 맡은 곳이었다. T업체는 최순실이 서울 강남에 매장을 열어 '최순실 커피'로 유명세를 탄 그 커피 브랜드를 소유한 회사다. 독일 비덱 호텔이 T업체로부터 커피 머신을 구입해 호텔에 들여다 놓으면서 비덱스포츠와 T커피 브랜드 간 라이선스 계약이 체결됐다고 했다. 그런데 T업체 입장에서 볼 때 비덱스포츠가 말썽을 부렸다는 것이다. 비덱 호텔이 T업체 로고를 계약서에 명시된 규정과 다르게 사용하는 등 사실상 계약을 어긴 것. 브랜드 이미지가 훼손될 수도 있다고 판단한 T업체가 로펌을 통해 비덱스포츠 측에 '계약을 어기면 법적 대응을 할 수도 있다'고 으름장을 놓기 위해 등기우편을 보낸 것이었다.

국경을 넘어

며칠째 정유라를 찾아야 한다는 생각에 매몰되다보니 왠지 모를 분노의 감정도 스멀스멀 올라왔다. 이학진 선배는 둘째 딸의 연말 재롱잔치에 꼭 참석하기로 약속한 상태에서 갑자기 출장길에 올랐다. 언제 찾을 수 있을지 예측할 수 없는 여정, 언제 끝날지 모르는 출장. 밥을 먹다가도, 길을 가다가도 한 번씩 툭툭 내뱉는 말에는 감정이 실려 있었다.

"얘는 대체 어디에 있길래 우리한테 이 고생을 시키는 거야."

연일 '정유라는 어디에', '국내로 들어오나', '조력자는 누구?' 등의 보도가 쏟아지던 때였다. 이에 맞물려 '정유라를 잡아라!'라는 여론도 커지고 있었다. 마치 정유라만 잡고 나면 사람들의 분노가 거품처럼 사라질 것 같을 정도였다. 의욕, 분노, 실망, 기대. 이런 감정들이 하루에도 몇 번이고 오락가락하던 그 무렵, 프랑크푸르트 중앙역 앞에서 이학진 선배 스마트폰에 대고 페이스북 라이브를 할 기회가 생겼다.

"많은 분들이 정유라가 어디에 있는지 상당히 궁금해합니다. 그런데 취재를 하면서 저희가 머릿속에 계속 떠올리는 것은 '정유라를 찾아서 직접 그의 말을 들어보아야 하는 이유가 무엇인가'입니다. 이화여대 입학과 이후 학사 관리가 정상적이지 않았다는 것을 본인은 알고 있었는지, 이에 대해 어떻게 생각하고 있는지. 그 과정에 대해 본인은 모른 채 어른들에 의해 이뤄진 것인지, 아니면 어떤 더 큰 힘이 작용한 것인지. 그래서 정유라를 찾아야 한다고 생각하고, 그렇게 찾고 있습니다. 검찰이 보고 있는 최순실의 혐의와도 상당히 관련이 많습니다. 정유라의 명의로 된 해외 재산, 그 형성 과정에서 정유라는 어떤 역할을 했는지 직접 들어보아야 하기 때문입니다. 그리고 또 이유를 꼽자면 왜 많은 국민들이 찾고 싶어하는지, 이화여대 사태로 박탈감을 느낀 청년들이 많다는 것을 알고 있는지도 개인적으로 궁금하기 때문입니다."

– 2016년 12월 26일, JTBC 〈소셜라이브 – 미리 보는 JTBC 뉴스룸〉

솔직히 허세를 잔뜩 부린 준비된 말이었다. 애써 태연한 척

해 보이기 위함이었다. 하지만 언제 끝날지 모르는 남은 출장 기간 동안 이런 목적의식 정도는 분명히 하자고 스스로 다잡기 위한 말이기도 했다.

2016년 12월 30일 오후 4시, 프랑크푸르트 중앙역에 있는 렌터카 업체에서 검은색 폭스바겐 골프 승용차 한 대를 빌렸다. 나와 이학진 선배 둘이 타고 가기에는 부족함이 없었다. 혹시나 하는 마음에 빵, 바나나, 과자, 음료수, 물티슈 같은 비상물품도 뒷자리에 넉넉하게 실었다.

그동안 통역과 운전을 도와준 오 선생님은 동행하지 않기로 했다. 밤새 차를 운전해야 하는 데다 숙식까지 차에서 해결해야 될 게 뻔했기 때문이다. 또 위험하기도 했다. 교민들 사이에서 '정유라가 경호원을 데리고 다닌다'는, 지금 들으면 조금 허탈한, 확인되지 않은 소문이 많이 돌던 탓이었다. 취재 보안을 유지할 필요성도 있었다. 아, 어차피 오 선생님도 덴마크어를 할 줄 모르긴 마찬가지였다. 다행히 덴마크는 영어가 공용어는 아니지만 대다수 국민들이 영어로 의사소통이 가능하다고 들었다. 몇 해 전 나름 자기계발을 해보겠다며 넉 달 동안 얼굴도 모르는 필리핀 선생님과 전화영어 공부를 했던 내 자신을 믿어보기로 했다.

장도(壯途)를 떠나기 전 나름 예의를 갖춰 보도국에도 인사를 드렸다. 차 안에서 이학진 선배와 함께 셀카를 찍어 손석희 선배께 보냈다.

발신 저희는 이곳저곳 다니고 있습니다. 새해 복 많이 받으십시오!
수신 그래, 연말에 수고가 많다. 몸조심하거라!

어디로 가는 길인지는 일부러 밝히지 않았다. 혹시나 실패할 수도 있으므로. 나중에 한국에 돌아와 그때 보내드린 사진이 덴마크 올보르로 출발하는 길에 찍은 것이라 말씀드리자 "나까지 속였느냐"고 하면서 "보안 의식을 칭찬해"라고 응수하셨다. 참고로 "칭찬해"는 당시 개그맨 강호동 씨가 JTBC 예능프로그램 〈아는 형님〉에서 밀고 있던 유행어다.

구글맵을 켜고 그 유명한 아우토반을 달리기 시작했다. 무모하지만 어쨌든 제보자를 믿고 확인이라도 해보자는 심정이었다. 900킬로미터가 더 남았다는 내비게이션 표시가 비현실적으로 다가왔지만 왠지 모를 설렘도 있었다. 난생처음 유럽에 와서 차를 타고 국경을 넘어보다니! 그 자체만으로도 좋은 경험이라고 생각했다.

"선배, 우리 잘 선택한 거겠죠?"

"몰라. 어차피 불확실한 것은 다 마찬가지니까."

최대한 쉬지 않고 달렸다. 좀 더 여유를 갖고 쉬엄쉬엄 찾아갈 수도 있었지만 정유라도 한국의 거의 모든 언론사가 연일 자신의 행방을 추적해 보도하고 있는 상황을 모를 리 없을 것이기 때문이었다.

빼놓을 수 없는 것이 이동하는 과정을 촬영하는 이른바 '트래킹 샷'이었다. 나중에 방송 리포트에 쓸 수 있을지 알 수는 없지만, 그래도 일단 출발부터 운전하는 중간중간 모습을 카메라에 담았다. 촬영을 하던 이 선배는 "나중에 이 영상이 방송될 수 있을까? 허탕 치면 그냥 삭제하게 될 수도 있어" 하고 농담을 건넸다. 정말 그 끝을 알 수 없었다. 이 영상이 보도될지, 그냥 실패한 취재로 끝이 날지.

여섯 시간쯤 달리자 독일과 덴마크를 나누는 국경에 다다랐다.

"오, 신기해. 그냥 간판 몇 개만 있네."

감탄은 이내 긴장으로 바뀌었다. 덴마크 쪽 국경수비대 요원이 우리 차를 향해 앞이 안 보일 정도로 밝은 조명을 깜빡거렸기 때문이다. 차를 멈추라는 지시였다.

"탑승자는 당신네 둘뿐입니까? 여권, 운전면허증, 렌트카 계약서 좀 보여주세요."

요구하는 건 모두 제시했지만 계속 우리를 잡아두었다.

"트렁크도 열어주세요."

이들은 국경수비대로서 임무에 충실했다. 늦은 밤 초췌한 모습의 외국인 두 명이 뒷좌석에 식량을 잔뜩 싣고 다니니 의심스러울 수밖에. 불과 열흘 전 독일 수도 베를린에서 대형 트럭이 크리스마스 마켓을 덮치는 테러가 발생해 68명의 사상자가 발생한 영향도 있었던 것 같다. 다행히 한국에서 온 기자임을 설명하고, 카메라 장비 등을 보여주자 분위기가 부드러워졌다.

"잠시 내려서 국경 간판 앞에서 사진 좀 찍어도 될까요?"

마음에도 없는 말이 튀어나왔다. 정말 이상한 사람이 아니라는 걸 보여주려고 순발력을 발휘하다보니 나온 이상한 애드리브였다. 우리는 차에서 내려 정말로 덴마크 국경 표지판 앞에서 기념사진을 찍었다. 뭔가 발랄하게 보여야 그들이 우리를 덜 의심할 것 같아서였다.

마침내 우리는 무사히 국경을 넘었다. 검문소를 통과하자마자 나는 콧수염이 덥수룩한 이학진 선배를 탓했다.

"선배, 면도 좀 하라고요. 내가 봐도 의심스럽네."

생일

2016년 12월 31일 새벽 4시, 덴마크 올보르에 도착했다. 오는 도중 잠시 휴게소 공터에 차를 세워두고 쪽잠을 청한 것까지 포함해 딱 열두 시간 만이었다. 길거리에 사람은 물론 차 한 대 안 다니는 고요한 새벽이었다. 마을로 찾아가기 전 차에 기름을 넣기 위해 근처 주유소에 들렀다. 주유기 금액 표시 부분에 적힌 화폐 단위가 낯설었다. DKK.

"선배, 이거 유로 아닌데요? 덴마크는 돈 따로 쓰나 보네."

"그래? 신용카드 안 되나?"

뜻하지 않게 덴마크까지 오게 된, 유럽이 처음인 한국 남자 두 명은 이렇게 무지의 대화를 이어갔다. 덴마크가 유로존이 아니란 걸 그때 처음 알았다. 평소 편의점에서 덴마크 요구르트나 사 먹을 줄 알았지, 덴마크의 화폐 단위 크로네(DKK)는 생소했다.

곧바로 제보자가 알려준 마을로 차를 몰았다. 왕복 4차선 도로를 타고 가다 우회전을 하면 나오는 마을이었다. 언덕을 따라 차 두 대 정도 지나갈 만한 도로가 나 있고, 도로 양쪽으로 예쁜 정원이 딸린 주택 스무 채 정도가 모여 있는 조용한 마을이었다. 프랑크푸르트에서 몰고 온 폭스바겐 골프의 디젤 엔진 소리가 혹시 마을사람들을 깨우지 않을까 조마조마했다. 마을 진입로에 들어서자마자 라디오를 끄고, 차 창문을 열었다. 조수석에 앉은 이학진 선배는 창밖으로 카메라 렌즈를 향하게 두고 녹화 버튼을 눌렀다.

"어, 저 집 뭐지?"

마을 초입을 지나자마자 오른쪽 두 번째 집, 유독 창문 밖으로 환하게 불이 켜진 집 한 채가 보였다. 새벽 4시였지만 차 안에 앉아서도 부엌 안쪽 모습을 들여다볼 수 있었다. 차 속도를 줄이고 서서히 지나가며 내부를 살폈다. 그때 흰색과 빨간색이 섞인 둥그런 물체가 보였다.

"전기밥솥 같은데요?"

일단 차를 멈추지 않고 계속 지나갔다. 혹시 집 안에 깨어 있는 사람이 있다면 우리의 존재를 알아차릴 게 분명했다. 차를 더 움직여 마을 안쪽 언덕 위로 올라갔다. 그러고는 수상한 그 집에서는 잘 안 보이는, 하지만 이쪽에서는 그 집이 잘 보이는 곳에 차를 대고 시동을 껐다.

"저 집 맞는 것 같은데요? 한국이랑 연락을 주고받느라 불 켜놓고 있는 게 아닐까요? 그리고 덴마크 사람들도 전기밥솥을 쓰나?"

촬영된 영상을 여러 번 반복해 돌려보며 집 안 내부를 다시 분석해보았다. 창문 바로 안쪽에 있었던 둥그런 물체는 전기밥솥이 분명했다. 스마트폰으로 '쿠쿠 압력밥솥' 사진을 검색해보니 거의 똑같은 모양의 모델이 나왔다. 한국 사람이 있을 가능성이 큰 집이 틀림없었다.

집 옆 차고에 주차돼 있는 큰 차 한 대도 카메라에 포착됐다. 어두운 색깔이라는 건 알 수 있었지만, 어떤 모델인지는 구분할 수 없었다. 일단 동이 틀 때까지 차 안에서 집을 지켜보며 기다려보기로 했다.

한참을 기다려도 해는 뜰 기미를 보이지 않았다. 이학진 선배가 담배도 태울 겸 집 앞까지 다녀와보겠다고 나섰다. 몇 분 뒤 이 선배가 차 안으로 급히 들어왔다.

"저 집 반지하 방에 창문이 나 있는데, 한 사람이 컴퓨터 앞에 앉아 있었어. 얼굴까지는 안 보이는데 좀 마른 체형이고."

새벽에 컴퓨터를 왜 하는 것일까 궁금했지만 당장 확인할 길은 없었다. 나도 차에서 내려 집 곳곳을 살펴봤다. 발 딛는 소리가 나지 않도록 극도로 조심하며 차고에 서 있는 차부터 확인했다. 검은색 폭스바겐 멀티밴(Multivan)이라는 모델이었다.

"선배, 이 차 좀 스케치해주세요. 이거 독일에서 들었던 그 차예요."

차를 확인하는 순간 머리가 쭈뼛 서고 졸음이 확 달아났다. 독일 프랑크푸르트에서 교민 여러 명이 '검은색 뮬티반(멀티밴의 독일식 발음)'을 일러준 적이 있었기 때문이다. "최순실이랑 연관된 사람들이 그 차를 타고 다녔다", "지금도 그 차를 몰고 다니는 측근이 있을 거다", "그 차를 찾아야 한다"는 식이었다. 최순실이 귀국하기 전 그녀를 찾으러 먼저 독일을 다녀온 심수미 선배가 취재에 참고하라며 보내준 자료에서도 이 차를 본 적이 있었다. 2015년 9월 16일 노승일 K스포츠재단 부장이 독일에서 타고 다닐 차를 알아보면서 카카오톡으로 최순실에게 바로 이 차의 사진을 보내고 차에 대해 설명했는데, 그 카카오톡 대화창을 캡처한 사진 파일을 봤던 게 떠올랐다. 우리나라에는 수입되지 않는 모델이어서 눈여겨봐뒀었다.

차 번호판도 심상치 않았다. 독일을 뜻하는 D가 적혀 있었고, 프랑크푸르트가 있는 헤센 주 스티커도 붙어 있었다. 덴마크 차가 아니라 독일 헤센 주에서 건너온 차임에 틀림없었다. 카메라 조명으로 차 안쪽을 비춰보니 뒷좌석에는 승마 선수들이 말을 탈 때 쓰는 동그란 모자가 놓여 있었다. 뉴스에서 거의 매일 보다시피 한 승마선수 정유라가 말을 타는 장면에 나오는 바로 그 모자였다. 카시트도 있었는데 2015년에 태어났다는 정유라의 아들이 탈 만한 것으로 보였다. 조수석에는 '트리오 세제, 마늘, 식용유, 계란, 감자, 무, 물, 음료, 양파, 과일, 아이스크림'이라고 적힌 노란색 메모지도 놓여 있었다.

덴마크 올보르의 한 마을에서 발견한 단서를 종합하면 이랬다. 수상쩍은 이 집에는 압력밥솥으로 밥을 해 먹는 한국인이 있고, 카시트를 타는 아기가 있으며, 승마 용품이 실려 있는 독일 헤센 주에서 넘어온 차가 있다. 이곳이 바로 정유라의 은신처라는 확신이 섰다. 이날은 나의 서른 번째 생일이었다.

휘게 라이프

정유라의 은신처가 거의 확실하다는 것 말고는 모든 것이 불투명한 상태였다. 안에 누가 더 있을지, 어떤 상황이 닥칠지 알 수가 없었다. 오전 8시가 되어도 어둠이 걷힐 기미는 보이지 않았다. 과연 북유럽의 겨울이었다. 우선 정유라의 은신처에 먼저 노크를 하는 '정면 승부'는 하지 않기로 했다. 과거 비슷한 뻗치기 경험에 비춰볼 때, 수사 당국과 언론의 집중 조명을 받는 사람은 기자가 집에 찾아가 노크를 하면 더 숨어버리는 경우가 많았기 때문이다.

그래서 집 밖으로 나오기를 기다리는 쪽을 택했다. 연말이니 집 안에 있는 사람들이 외식을 하러 나갈 것 같기도 했다. 아니, 적어도 하루에 한 번은 집 밖으로 나올 것이라고 생각했다.

그러면 그때 자연스럽게 따라붙어서 질문하는 것으로 작전을 세웠다.

우리가 차를 세워둔 지점은 정유라의 은신처에서 약 100미터쯤 떨어진 언덕 위였다. 차에 앉아 오른쪽으로 고개를 돌리면 정유라의 은신처가 시야에 들어왔다. 정면을 바라보면 바로 길 건너편에 작은 정원이 딸린 예쁜 2층 집이 있었다. 아이보리색의 벽에 커다란 창문이 여러 개 나 있는 집이었다. 창문 안으로 부엌이 어렴풋이 보였다. 그리고 낮은 조명 불빛 아래 집 안에서 움직이는 사람들도 보였다. 우리라면 일상이 외부에 노출되는 걸 꺼려 커다란 창문을 만들어놓고도 그걸 가리는 더 큰 커튼을 달아놨겠지만 여긴 달랐다. 창문에 달린 블라인드를 굳이 내리지 않고, 실내를 훤히 드러 낸 채 자연스럽게 생활했다.

오전 10시가 넘어서야 어둠이 걷혔다. 오른쪽으로 보이는 정유라의 은신처는 여전히 아무런 움직임이 없었다. 대신 정면에 있는 예쁜 집 부엌 창문 안쪽으로는 근사한 조명에 불이 들어온 게 보였다. 가족들이 식사 준비를 하는 듯한 모습도 보였다. 식사를 마치고 나서는 아빠로 보이는 한 남성이 창밖으로 우리 차를 흘끗흘끗 보며 설거지를 했다. 이 남성은 잠시 후 밖으로 나와서는 차고에서 매우 오래된 듯한 자동차를 끌고 나와 이곳저곳 손보다가 들어갔다. 아마 올드카 복원이 취미인 듯했다.

마을에는 사람들이 조금씩 다니기 시작했다. 누구는 개를 데리고 산책을 했고, 또 다른 이는 자전거를 타고 어딘가를 향해 갔다. 여유로운 사람들, 차갑지만 맑은 공기, 아름다운 마을이었다. 평화로웠다. 우리나라에서도 막 유행하기 시작한 휘게 (hygge)가 바로 이런 것이구나 싶었다. 조용히 혼자서 혹은 사랑하는 가족과 보내는 여유로운 시간, 따뜻한 느낌.

그때 휘게와 상관없는 곳이 딱 두 군데 있었다. 한 곳은 저기 보이는 정유라의 은신처였다. 새벽에 환했던 부엌 불이 꺼진 것 말고는 여전히 큰 변화가 감지되지 않았다. 새벽에 불 켜진 것을 못 봤다면, 반지하 방에서 컴퓨터를 하는 사람을 보지 못했다면, 그 집에 아무도 없다고 믿을 법한 겉모습이었다. 사람의 온기가 느껴지는 다른 집들과 달리 그 집만 꽁꽁 얼어 있는 느낌이었다. 그리고 휘게와 무관한 나머지 한 곳은 우리 차 안이었다.

차에 머무는 시간이 길어지자 마을사람들이 말을 걸어왔다.

"당신들 여기에 차를 대고 뭐 하고 있는 거죠?"

이들은 혼자 다가오는 경우가 없었다. 두 명 이상 짝을 지어 애써 웃는 얼굴로 말을 건넸다. 한 명이 내게 말을 거는 사이 다른 한 명은 차 안쪽 곳곳을 살폈다.

그때마다 나는 "우리는 한국에서 온 방송국 취재진이다. 저기 보이는 밑에서 두 번째 집에 사는 주민이 한국에서 수사 대상인 사람이라서 직접 만나기 위해 찾아왔다" 하고 설명했다. 영어 공부를 이렇게 하면 되겠다 싶을 정도로 이 문장을 반복해 나중에는 숙달되기에 이르렀다. 자연스럽게 마을 주민과 말을 섞게 되면서 '주변인 취재'가 이뤄졌다. 우리의 설명을 들은 주민 대부분은 "어쩐지 이상했다"는 반응을 보여주었다. 올보르 전체에 아시아계가 많지 않아 안 그래도 눈에 띄는 집이었는데, 이웃과 교류가 전혀 없고, 우연히 마주쳐도 인사조차 하지 않는다는 것이다. 어린 사내아이, 젊은 엄마, 할머니로 보이는 중년 여성이 살고, 몇 명인지 구분할 수는 없지만 남성 몇 명도 함께 생활하는 것으로 보인다고도 했다. 검은색 밴은 가끔 어딘가를 다녀오긴 했지만 최근 들어 거의 움직이지 않고 차고에 계속 주차되어 있는 것 같다는 말도 들었다. 아시아계 사람들이 이사 온 시점은 주민들 사이에 말이 엇갈렸지만, 대략 2016년 9월쯤으로 추정할 수 있었다.

그럴듯한 근거를 들어 "꽤 부유한 사람이 살고 있는 것 같다"고 얘기해주는 주민도 있었다. 정유라가 이사 오기 전 그 집에 가본 적이 있다는 한 주민은 "지하실까지 있는 상당히 큰 집이고 한 달 임대료만 1만7,500크로네(한화 약 250만 원)"라고 설명했다. 또 다른 주민은 "매주 월요일부터 금요일까지 금발의 덴마크 여성이 스즈키 자동차를 타고 그 집에 와 청소나 빨래 같은 집안일을 해주고 있다"며 "이 동네에서 그렇게 따로 일하는 사

정유라를 찾아서

람을 쓰는 경우가 흔치 않아 기억에 남는다"고 말했다. 정유라
가 친구들과 밤늦게 파티를 다닌 것 같다는 증언을 하는 주민도
있었다. 바로 맞은편 집 주민은 "새벽 5시쯤으로 기억한다. 그
아기 엄마가 칵테일 드레스 같은 것을 입고 또래들과 집으로 들
어가고 있었다. 아마도 파티에 다녀오는 것 같았다"라고 말하
기도 했다.

또다시 경찰에게 쫓겨나다

주민들은 수시로 우리 차를 찾아왔다. 대체로 웃으면서 친절하게 말을 걸었지만 '쟤네들 기자 맞아?' 하는 의심 가득 찬 눈으로 관찰하는 이들도 있었다. '우린 여러분을 해치지 않습니다' 또는 'PEACE'라고 종이에 써서 차 앞에 붙여놓고 싶은 심정이었다.

상황을 객관적으로 바라보려 애썼다. 낯선 외국인 남성 두 명이 연말 휴가 시즌에 집에는 안 가고 이러고 있다. 분명 관광객처럼 보이지도 않는다. 괜히 평화로운 마을의 순박한 사람들에게 걱정을 끼친 것은 아닌지 미안한 마음도 들었다. 이게 다 독일에서부터 줄곧 면도를 안 한 이학진 선배 탓이라고 생각했다.

하지만 우리로서는 대안이 없었다. 마을 중앙에 도로는 한

정유라를 찾아서

개뿐이었고, 정유라의 은신처가 우리 시야에 들어오는 포인트
는 지금 차를 세워둔 위치가 최선이었다. 일단 더 버텨보기로
했다. 정유라의 은신처는 오후가 되도록 아무런 변화가 없었
다. 새벽에 최대한 조용히 집을 지나왔고, 이후에도 조심스럽
게 집 주변을 살폈기 때문에 한국에서 취재진이 왔다는 것은 은
신처 안에 있는 사람들이 알아차리지는 못했을 것으로 보였다.
하지만 동이 튼 지 한참이 지나도 집 안에서 아무도 밖으로 나
오지 않는 것은 이상했다. 국내에서 정유라의 행방에 대한 언
론 보도가 연일 쏟아지는 탓에 만약을 대비해 외출을 자제하는
것일 수도 있겠다 싶었다.

밤새 운전한 탓에 졸음이 밀려왔다. 프랑크푸르트에서 산 비
상식량도 거의 바닥을 드러내고 있었다. 먹은 만큼 오줌도 마
려웠다. 고심 끝에 차를 몰고 마을 바로 아래에 있는 상점가로
갔다. 유일하게 문을 연 제과점이 하나 보였다. 제대로 살펴볼
시간이 없었으므로 보이는 대로 빵 여러 개를 집어 계산했다.
직원에게 물어 제과점 뒤편에 있는 화장실도 최대한 신속히 사
용했다. 그리고 얼른 다시 원래 위치로 돌아왔다. 뭘 샀는지도
몰랐는데 찬찬히 빵 봉투를 열어보니 모양새가 꽤 그럴듯했다.
우리나라에서도 흔히 파는 '데니쉬 페이스트리'였는데 의도치
않게 덴마크에서 원조 데니쉬 페이스트리를 먹게 됐다.

북유럽의 겨울 해는 짧았다. 오후 4시밖에 안 됐는데 다시 어둠이 깔리기 시작했다. 그때 키 큰 백인 남성 한 명이 우리 차로 다가왔다. 분명 뭐 하는 사람들이며 왜 왔는지 물어볼 것이 뻔했다. 아침부터 계속 주민들이 찾아왔으니 또 그런 대화가 이어질 것 같았다. 그런데 이번엔 좀 달랐다. 운전석에 있던 내가 내리자마자 다소 공격적으로 말을 쏘아붙였다.

"이 마을에 살고 있는 덴마크 경찰입니다. 당신들이 하루 종일 여기에서 마을을 감시하고 있다고 여러 차례 연락을 받았어요. 마을 도로에 이렇게 오랫동안 차를 세워두고 안에서 기다리고 있는 이유가 뭐예요? 당장 마을에서 차를 빼서 나가주시죠. 오늘은 비번이라 근무를 하고 있지 않지만, 요구에 응하지 않으면 내 동료들을 부를 겁니다."

대략 이런 취지의 말이었다. 존댓말로 번역했지만 말투로 보아 그는 아마 반말 또는 그보다 더 험악한 투로 말했던 것 같다. 다른 주민에게 설명했던 대로 자초지종을 전했지만 이 남성은 단호했다. 휴일을 맞아 휘게를 즐기려는데 우리 때문에 여기저기서 연락을 받아 짜증이 난 걸까.

"오늘 밤까지만 더 기다려보겠다. 마을에 피해가 없도록 하겠다" 하고 말했지만 "한국에서 취재를 온 건 당신들의 사정이다. 이렇게 계속 기다리지만 말고 직접 가서 노크를 하면 되지 않느냐"라며 쏘아붙이고 사라졌다.

예상치 못한 변수였지만, 예상했어야 할 변수였다. 이제 어떻게 해야 하나. 경우의 수를 따져보았다. 정유라의 은신처 안에 있는 사람들이 우리가 찾아온 사실을 알고 있을까. 이들이 저녁에 외출을 할까. 그 외출이 일시적인 외출일까, 아니면 여론을 의식해 때마침 다른 지역으로 아예 거처를 옮기는 도주일까. 그렇게 고민하는 사이, 집으로 돌아갔던 예의 키 큰 백인 남성이 다시 다가왔다.

"아…… 또 오네."

순간 서운한 감정이 올라왔다. 우리가 시동을 켜놓고 있어서 공회전에 따른 소음과 배가가스를 유발하는 것도 아니고, 조용히 차 안에서 기다리겠다는데 좀 너무하다 싶었다. 하지만 그의 말대로 그건 우리 사정이었다. 별수 없었다. 일단 차를 빼 마을 언덕 아래로 내려가 큰길로 빠져나갔다. 때마침 우리 차 옆으로 불을 번쩍이며 경찰차 한 대가 마을로 들어왔다. 동료를 부르겠다던 말이 겁주기용이 아니었던 것인지, 아니면 우연히 순찰을 돌던 차였는지는 알 수 없었다. 아무튼 현지 경찰의 말을 거스르면서까지 무리하게 취재를 할 수는 없었다.

숨으려는 자와 찾으려는 자

진득하니 더 기다릴 수 없게 됐다. 전략을 바꿨다. 일단 바로 옆 블록 마을로 들어가 차를 댔다. 나는 수첩과 펜, 이학진 선배는 카메라와 조명만 챙겨 걸어서 다시 정유라의 은신처 앞으로 갔다. 집 곳곳을 살펴보니 거실에 불이 켜져 있고 인기척도 느껴졌다. 그러니까 새벽부터 동이 트고 다시 어둠이 깔릴 때까지 집 안에 있는 사람들은 밖으로 한 번도 나오지 않은 것이다.

집 좌측면과 정면, 그리고 지하층으로 난 우측면까지 출입문이 총 세 개였다. 어느 것이 주로 이용하는 출입문인지 헷갈렸다. 앞에 남성 슬리퍼 몇 개가 가지런히 놓여 있는 문을 두드렸다.

"안에 누구 계세요?"

그 순간 집 안에서 우당탕탕 소리가 나더니 갑자기 소란스러워졌다. 문에 난 불투명 유리창 너머로 검은 사람 형체가 정신 없이 왔다 갔다 하는 게 보였다. 부엌의 열린 창틈으로 보니 중년 여성이 남자 아기를 안고 황급히 지나가는 모습이 보였다. 순간 내가 노크를 했던 그 문이 반쯤 열렸다. 얼른 뛰어가 문고리를 붙잡았다.

"어, 안녕하세요, 선생님. 말씀 좀 여쭈려고 왔습니다."

왜 '선생님'이라는 호칭이 불쑥 나왔는지는 모르겠다. 아무튼 그 찰나에 검은 뿔테 안경을 쓴 건장한 남성이 문 안쪽에 서 있었다. 눈이 마주쳤다. 하지만 그는 아무 응답 없이 강하게 문을 닫아 잠갔다.

곧이어 말려 올라가 있던 창문 블라인드가 재빨리 내려오며 창문을 가렸다. 마치 공포영화의 한 장면처럼 바깥에서 집 안을 들여다볼 수 있는 모든 창문이 순식간에 가려졌다. 출입문과 창문이 여러 개라 나와 이학진 선배는 이곳저곳을 뛰어다니면서 말을 건네고 촬영을 했다. 집 구조가 독특해서 우리가 볼 수 없는 집 뒤쪽으로도 출입문이 나 있을 수도 있었다. 만약 그렇다면 집 안에 있던 이들이 도주할 가능성도 있다. 반대편 반지하 방 창문으로 다가간 순간, 안에 있던 반바지 차림의 마른 남성이 불을 모두 끄고 황급히 계단을 올라 거실로 도망치는 모습이 보였다. 반지하 방에 남겨진 개 세 마리만 어쩔 줄 몰라하며 돌아다녔다. 이내 집 안의 모든 공간에 불이 꺼졌다. 창문이 없는 방으로 몸을 숨긴 것 같았다.

"말씀만 좀 여쭈려고 합니다. 누구 한 분만 나와서 이야기 좀 들어주세요."

여러 차례 문을 두드려보았지만 응답은 없었다. 오후 5시도 채 되지 않았지만 하늘은 완전히 어두워졌다.

이제부터는 또 다른 국면이다. 더 긴장할 수밖에 없었다. 노크를 했을 때 이들이 허겁지겁 몸을 숨긴 것으로 보아, 우리가 노크하기 전까지는 우리의 존재를 미처 알지 못했던 것 같았다. 그러나 지금부터는 상황이 완전히 달라졌다. 이 시간 이후로 집 안에 있는 사람들은 우리의 접근을 적극적으로 방어할 것이 분명했다. 숨으려는 자와 찾으려는 자 사이에 대치가 시작된 셈이다. 올보르에 도착해 정유라를 기다리기 시작한 지 열두 시간 만의 일이었다.

밤하늘의 폭죽 소리

무작정 기다려야 했다. 차도 없이 그냥 집 앞에서 기다리기에
는 덴마크의 겨울 밤공기가 너무 차가웠다. 고민 끝에 옆 블록
에 대놓았던 차를 다시 몰고 와 아예 정유라의 은신처 차고지
쪽으로 바짝 붙여 댔다. 우리를 쫓아냈던 '그 녀석'이 또 나타
나는 것은 아닐까 걱정했지만 밤이니까 좀 봐주지 않을까 싶었
다. 사실 너무 추워서 이것저것 따져보지도 않고 그냥 차 안에
서 기다려야겠다는 생각뿐이었다.

집 주변을 탐문했다. 출입문 옆에 놓인 쓰레기통에는 라면,
쌀, 즉석 밥, 간장 등 한국산 식품 포장지가 많았다. 크리스마스
선물을 주고받은 듯 뜯긴 선물 포장지도 나왔다. 주차된 폭스바
겐 멀티밴 뒤로는 작은 창문 하나가 딸린 창고가 있었다. 내 눈

높이 정도로 나 있는 창문에 얼굴을 바짝 대고 스마트폰 불빛을 비춰 안쪽에 뭐가 있는지 살폈다. 순간 심장이 멎는 것 같았다. 창고 안에 고양이 일곱 마리가 일제히 나를 쳐다보고 있었다. 고양이에 대해 아는 건 없지만 한눈에 보기에도 고급 품종인 듯했다. 겉모습은 창고였지만 내부에는 고양이가 살기 좋게 놀이 기구나 먹이통, 물통이 설치돼 있었다. 이 고양이 집 옆에는 독일 프랑크푸르트에서 급히 올보르로 거처를 옮기면서 사용한 것으로 보이는 동물 운반용 케이지가 여러 개 쌓여 있었다.

차 안에서 기다리다 나와서 문을 두드리며 읍소하다 다시 차 안에 들어가 기다리기를 반복했다.

"누구 한 분 나와서 이야기 좀 나누시죠."

아무리 소리쳐도 응답은 없었다. 가끔 검은 실루엣이 움직이는 모습이 출입문에 난 불투명 유리를 통해 보이긴 했다. 날씨는 춥고 스무 시간 가까이 기다리다보니 체력적으로도 버티기가 쉽지 않았다. 노트북, 카메라, 스마트폰 모두 배터리가 모자랐다. 하지만 잠시도 긴장을 늦출 수 없는 이유가 있었다. 바로 정유라가 도주할지도 모른다는 우려 때문이었다. 경사진 언덕 위에 지어진 이 집은 지하와 1층으로 이뤄져 구조가 독특했다. 우리가 볼 수 없는 건물 뒤쪽에도 출입구가 몇 개 더 있다면 거길 통해 몰래 빠져나갈 가능성도 있었다. 이들이 물리적인 위협을 가할지도 모른다는 우려도 있었다. 처음 노크를 했을 때

분주하게 몸을 숨기는 과정에서 집 안에 최소한 남성 두 명이 있다는 것을 눈으로 직접 확인했다. 한적한 주택가, 어두운 밤에 집 안에서 몽둥이가 될 만한 것을 챙겨 나와 우리를 폭행할 수도 있다는 최악의 상상도 하지 않을 수 없었다. 프랑크프루트에서 들은 '정유라가 경호원과 함께 도피하고 있다'는 소문이 사실처럼 여겨질 때였다.

2016년 12월 31일이 몇 분 남지 않은 무렵, 마음을 졸이게 하는 것이 또 있었다. 하늘에서 정체를 알 수 없는 폭발음이 울리기 시작한 것이었다. 불빛도 번쩍였다. 마치 예비군 훈련 중 사격 시간에 들었던 소리 같았다. 한참 후에야 그 소리와 불빛이 폭죽인 것을 알게 됐다. 덴마크 사람들은 한 해의 마지막 날 밤 친지들과 모여 길거리에서 밤새 폭죽을 터뜨리며 시간을 보낸다는 걸 나중에 현지 택시기사에게 들었다. 아무튼 그 폭발음 덕분에 다행히 차 안에서 졸음을 쫓을 수 있었다.

서른여섯 시간의 기다림

이곳 덴마크보다 여덟 시간 빠른 한국은 먼저 2017년을 맞았다. 휴대전화 보조 배터리마저 거의 죽어가는데 생일 축하와 새해 인사 메시지가 계속 밀려왔다. 취재 보안 문제도 있고 배터리를 아끼기 위해서도 답장은 미룬 채 이학진 선배와 번갈아 쪽잠을 자면서 새벽 불침번을 섰다.

참으로 독특한 새해맞이였다. 연말 시상식 카운트다운, 해돋이 명소 인파, 보신각 타종 정도가 지금까지 내가 겪은 새해 첫날 풍경의 전부였다. 그러나 이번엔 덴마크에서, 그것도 유명 관광지 아닌 작은 도시의 한 외곽 마을에서, 게다가 독일에서 빌려 타고 온 차 안에서, 수염 덥수룩한 회사 선배와 개기름과 눈곱 잔뜩 낀 얼굴로 빵을 뜯어 먹으며 맞는 새해. 언제 또 이런 새해를 맞이할 수 있을까.

은신처 안에 숨어 있는 이들 중에서도 깨어 있는 사람이 있는 게 분명해 보였다. 처음 노크했을 당시만 해도 급하게 가리는 바람에 집 안을 조금 들여다볼 수 있었던 창문 틈이 몇 시간 뒤엔 무언가로 겹겹이 가로막혀 있었다. 누군가 안에서 창문 블라인드 틈을 손으로 벌려 우리 차가 있는 쪽을 살피는 것 같은 모습도 보였다.

조수석에 앉은 이학진 선배와 돌아가면서 눈을 붙이기로 했지만, 너무 피곤한 나머지 둘 다 깜빡 잠이 들어버린 순간도 있었다. 우리가 잠든 틈에 도주한 건 아니겠지, 신경이 곤두섰다.

2017년의 첫 해가 하늘 한가운데 떴지만 마을은 고요했다. 집 밖으로 나와 돌아다니는 사람이 거의 없었다. 사람들은 밤새 폭죽놀이를 하고 늦잠을 자는 모양이었다. 남의 집 앞마당에서 새해를 맞이한 동포가 측은해 보이지는 않았을까 싶어 웅크렸던 몸을 펴고 다시 한 번 은신처의 문을 두드렸다. 거기다 조금 불쌍한 목소리까지 더해 "나와서 이야기 좀 들어보세요" 하고 설득했지만 여전히 묵묵부답이었다. 정유라가 한국에 있는 변호사나 다른 조력자에게 연락을 취해 대책을 세우고 있지는 않을까 궁금했다. 어느덧 은신처 앞에서의 기다림은 서른여섯 시간째 이어지고 있었다. 프랑크푸르트에서 차를 몰고 온 시간까지 포함하면 사십팔 시간째였다. 꼬박 이틀이었다.

2017년 1월 1일 신고 전화를 걸다

안에서 버티는 자와 밖에서 기다리는 자의 소리 없는 대치가 계속됐다. 분명 이건 예상치 못한 상황이었다. 대체 안에서 무얼 하고 있길래 한 번도 밖으로 나오지 않을까. 다른 대응 방안을 결정해야 할 시점이 다가오고 있었다. 서울에 있는 부장, 팀장과는 은신처에 도착한 직후부터 메신저로 상황을 수시로 공유했다.

 가장 좋은 방법은 집 안에서 누군가 나올 때까지 계속 기다리는 것이었다. 하지만 주어진 여건상 한계가 가까워지고 있었다. 화장실이 너무 가고 싶었다. 개기름 잔뜩 낀 얼굴도 좀 씻고 싶었다. 운전석이 아닌 침대에 누워서 자고 싶었다. 마른 빵이 아니라 따뜻한 음식이 먹고 싶었다. 사실 이건 어느 정도 참을 수 있었다. 더 큰 문제는 스마트폰과 카메라의 배터리였다.

독일 프랑크푸르트에서 출발한 시각을 기준으로 하면 꼬박 이틀을 차 안에서만 보냈다. 그렇다고 잠시 이곳을 벗어나 근처에 숙소를 잡고 체력을 충전한 후 다시 돌아오거나, 아예 취재를 중단하고 철수할 수도 없는 노릇이었다. 한국에서 취재진이 찾아온 사실을 정유라와 일행이 알게 된 이상, 우리가 자리를 뜨면 그들은 이 은신처를 버리고 다른 곳으로 몸을 숨길 가능성이 컸다.

철수를 하는 척 일단 몸을 숨긴 뒤, 우리가 없는 줄 알고 정유라가 밖으로 나오면 재빨리 뒤따라 붙는 방법도 고려했다. 하지만 철수하는 척할 마땅한 방법이 없었다. 은신처의 상황을 지켜볼 수 있으면서도 우리가 노출되지 않는 요새 같은 지점은 이미 주민들의 항의로 더 이상 머무를 수 없었다. 은신처의 상황을 계속 관찰하기 위해서는 지금 차를 대고 있는 위치, 즉 은신처의 차고 바로 앞에서 기다리는 수밖에 없었다.

덴마크 경찰에 상황을 알리는 방법도 있었다. 우리 특검은 이미 체포영장이 발부된 정유라에 대해 인터폴에도 적색수배자 명단에 올려달라고 공식 요청한 상태였다. 덴마크 경찰에 이를 알리고, 와서 직접 판단해 조치하도록 하는 방법이었다.

주어진 상황은 이랬다. 상황을 실시간으로 부장, 팀장과 공유하고 있다고는 하지만, 따지고 보면 최종 판단은 현장에 있는 나의 몫이었다. 나와 이학진 선배의 판단은 같았다. 나는 덴마크 현지 시각 2017년 1월 1일 오후 4시, 우리의 112 신고센터 격인 114로 전화를 걸었다. 이 번호는 혹여 우리가 은신처에 있는 누군가로부터 물리적 위협을 당할 때를 대비해 알아놓은 신고 번호였다.

"저는 한국에서 온 기자입니다. 지금 한국 수사 당국이 추적 중인 한국인 여성이 살고 있는 집 앞에 있습니다. 이름은 정유라입니다. 한국 검찰이 인터폴에 적색수배를 요청한 상태이기도 합니다. 독일 검찰도 돈세탁 혐의와 관련해 이 여성을 찾고 있습니다."

수화기 너머의 경찰관은 다소 당황한 듯했다. 내 영어가 알아듣기 힘든 수준이었거나, 평화로운 소도시에서, 그것도 새해 첫날에 접수된 신고치고는 내용이 좀 색달랐던 탓일 것이다.

"그러니까 당신이 한국에서 온 기자라고요? 북한 아니고 서울이 있는 남한 말이죠? 지금 당신이 올보르에 와 있다는 거죠?"

몇 번의 대화가 오가고 그는 경찰관을 보내주겠다고 했다.

드디어 만난 정유라

신고 전화를 한 후 20분 만에 경찰관 두 명이 탄 밴이 도착했다. 경찰은 손전등으로 이곳저곳을 비춰가며 집 바깥 모습을 먼저 살폈다. 창문이 모두 다 가려져 있는 광경을 본 경찰은 우리를 보며 고개를 갸우뚱했다.

"Something strange."

나와 이학진 선배의 몰골 역시 '섬씽 스트레인지'라는 말이 나올 정도의 상태였지만, 아무튼 우리를 보고 한 말은 아니었다. 분명 은신처의 모습이 수상하다는 뜻이었다. 경찰은 집 안으로 들어가기 전, 내게 정유라에 대해 오랫동안 물었다. 스마트폰으로 정유라와 관련된 영어 뉴스 기사를 검색해 보여주니 이를 유심히 읽기도 했다. 독일 검찰과 주고받은 이메일 내용을 보여주자, 이를 사진으로 찍어 어디론가 보내고, 무전으로 관련 내용을 상부에 상세히 보고했다. 잠시 후 인원을 추가로 요청했는지 경찰차 한 대가 더 도착했고, 수색견 한 마리를 대동한 경찰관 두 명이 내렸다.

이들은 상황 파악에 신중했다. 집 안으로 섣불리 들어가지 않고 바깥 상황부터 꼼꼼하게 살폈다. 우리에게는 친절했다. 집과 도로의 경계인 보행로 안쪽으로만 들어오지 않는다면 촬영은 자유롭게 해도 좋다고 고지했다. 중간중간 자신들이 상부와 어떤 점을 논의하고 있는지 진행 상황을 먼저 알려주기도 했다.

출동 후 30분 정도 지났을 무렵, 경찰이 분주해졌다. 잠시 후 무전 지시를 받은 경찰관 두 명이 정유라의 은신처 내부에 진입하기 위해 출입문을 세게 두드리며 외쳤다.

"Danish Police! Danish Police!"

응답이 없었다. 우리가 모르는 다른 통로로 도주한 것은 아닐까 걱정이 될 정도로 한동안 묵묵부답이었다. 경찰이 여러 차례 소리치며 손전등을 깜박이자 그때서야 누군가 문을 살짝 열었다. 문을 연 것이 누구였는지 내가 서 있는 집 밖 인도에서는 보이지 않았다. 경찰관 두 명이 집 안으로 들어갔고 다시 문은 닫혔다.

한 시간이 지났을 무렵 경찰관 한 명이 밖으로 나왔다. 그의 손에는 짙은 녹색의 대한민국 여권이 들려 있었다.

"이 사람이 정유라 맞습니까?"

그는 내게 여권 속 정유라의 얼굴 사진을 보여주며 신원을 재차 확인했다.

"네, 맞습니다. 안에 상황은 어떻습니까?"

"정 씨는 비교적 차분하게 영어로 답변하고 있습니다. 한국 검찰이 자신을 인터폴에 수배 요청한 상태라는 것도 알고 있다고 직접 말했습니다. 다만, 우리가 인터폴에 확인하고 있는데 아직 적색수배 명단에 정유라라는 이름이 없습니다. 아마 한국에서 수배 요청을 했어도 처리하는 데 시간이 걸리기 때문에 그런 것 같습니다. 윗선에서 한국 정부와도 연락을 취하고 있습니다. 정 씨를 경찰서로 데리고 갈지 말지는 윗선의 지시를 기다리고 있습니다."

경찰은 다시 안으로 들어갔다. 그리고 또다시 두 시간이 지나도록 밖으로 나오지 않았다. 안에서 대체 무슨 일이 일어나고 있는지 알 수가 없어 답답했지만 기다리는 수밖에 방법이 없었다. 간간이 한 명이 밖으로 나와 자동차 내부와 고양이집 등을 살폈다.

경찰이 출동한 지 네 시간이 지난 2017년 1월 1일 오후 8시, 안에 있던 경찰관 한 명이 다시 밖으로 나와 내게 다가왔다.

"체포 지시를 받았습니다. 곧 안에서 정유라를 데리고 나올 겁니다. 정 씨를 제외한 나머지 사람들은 체포 대상이 아닙니다. 촬영을 하는 것은 자유지만 이 안쪽으로는 들어오면 안 됩니다."

뭘 질문하지? 출입문에서 경찰차까지 많아야 질문 두 개 정도밖에 못 할 텐데. 순간 머릿속이 복잡해졌다.

철커덕, 문이 열렸다. 스물여덟 시간 전 내가 노크를 했을 때 누군가가 매몰차게 닫았던 그 문이 활짝 열렸다.

경찰 한 명의 손에 이끌려 털 달린 패딩점퍼 모자를 깊숙이 눌러쓴 여성 한 명이 터벅터벅 걸어나왔다. 얼굴은 모자에 완전히 가려져 있어 보이지 않았다. 현관문에서 나와 경찰차 뒷좌석에 탑승하기까지 걸린 시간은 고작 10초 정도. 눈에 들어오는 장면이 비현실적으로 느껴졌다.

"정유라 씨, 원래 귀국하실 생각이었어요? 한국 가서 검찰 조사 받으실 생각이었나요? 말씀 좀 해주시죠."

딱 10초짜리 질문이었다. 정유라는 아무런 답변을 하지 않았다. 그는 뒷좌석에 태워졌다. 차를 출발시키려는 경찰을 붙잡고 정유라를 어디로 데리고 가는 것인지, 체포 형식인 것인지, 체포 이유는 무엇인지 물었다.

"일단 상부에서 체포하라는 지시가 내려와 경찰서로 데리고 가는 겁니다. 이곳 법에 따라 일단 이십사 시간 동안 체포 상태를 유지할 수 있습니다. 내일 법원에서 정유라 체포 기한을 연장할지 아니면 바로 풀어줄지 결정할 것입니다. 이런 사항은 한국 정부에도 통보될 것입니다."

경찰차가 정유라를 태우고 떠났다. 나와 이학진 선배는 한동안 아무 말도 하지 못했다. 이화여대 사태 이후 거의 매일 언론에 이름이 오르내린 주인공, 그러나 행방이 묘연했던 당사자가 조금 전 내 앞으로 지나갔다. 한국도 독일도 아닌, 그렇다고 유럽의 유명 도시도 아닌, 이름도 생소한 덴마크 올보르에서. 새해 첫날 어두컴컴한 저녁에. 피곤이 몰려왔다.

한국 시간으로는 2017년 1월 2일 월요일 새벽 4시에 벌어진 일이었다. 메신저로 상황을 보고했더니 부장과 팀장이 곧바로 답장을 주었다. 서울에서도 긴장감을 늦출 수 없었던 모양이었다. 곧장 올보르 지역을 관할하는 노율란 경찰서(Nordjyllands Politi) 인근 호텔방을 잡았다.

엘리베이터 문을 수동으로 닫아야 하는 오래된 호텔이었다. 간단히 샤워를 마치고 다시 차에 탔다. 독일 프랑크푸르트 출발부터 지금까지의 오십이 시간이 담긴 영상을 서울로 보내는 게 급선무였다. 낡은 엘리베이터만큼이나 느린 호텔방 인터넷 속도로는 도저히 많은 용량의 영상을 보낼 수 없어 근처 PC방을 찾아갔다. 그런데 유일하게 구글맵에 검색된 그 PC방은 하필 그때가 문 닫을 시간이었다.

"저희가 한국에 영상을 좀 보내야 하는데 조금만 더 시간을
줄 수 없을까요?"

"안 됩니다."

"돈을 더 드릴게요."

정상 요금의 열 배를 지불하고 시간을 벌었다. 물론 덴마크
크로네가 없어 독일에서 쓰다 남은 유로를 죄다 털어 건넸다.

비몽사몽 중 속보

한국에서는 2017년 1월 2일 월요일 첫 평일 일과가 시작됐다. 영상 전송이 늦어진 탓에 두 시간 정도 쪽잠을 자고 다시 한국 근무 시간에 맞춰 일어날 수밖에 없었다. 보도국에서는 정유라의 체포 소식을 첫 보도하는 시점을 결정해야 했다. 바로 속보를 띄울 것인가, 아니면 저녁 〈뉴스룸〉까지 기다릴 것인가. 내게도 의견을 물어왔다.

"가혁아, 네 생각에 바로 속보 띄우는 게 낫겠니? 아니면 〈뉴스룸〉까지 갖고 있는 게 낫겠니?"

"어차피 이곳 경찰에서도 우리 대사관이랑 수사 당국에 통보를 한다고 했으니 나중에 자연스럽게 알려질 것 같습니다. 먼저 속보 띄우고 나중에 자세히 보도하는 것도 괜찮을 것 같습니다."

한국 시각 오전 9시 16분, JTBC 방송 속보 자막과 온라인을
통해 첫 1보가 나갔다.

[단독] 정유라, 덴마크 현지 경찰에 체포

다른 언론사도 속속 속보를 내보내기 시작했다. 한 보도 채
널의 앵커의 말이 인상 깊었다.

"불법체류 혐의로 현지 시각으로 어젯밤 체포됐다는 소식입니
다. 지금 이미 정유라에 대해서는 여권이 말소가 된 상태입니다.
어디든 있는 곳은 다 불법체류가 될 수 있는 상황이기 때문에 덴
마크에 가 있었군요. 이미 독일을 빠져나왔습니다. 그리고 말을
타고 갔는지 아니면 어떻게 갔는지는 모르겠습니다만 덴마크까
지 갔다고 합니다."

잠시 눈을 붙였다. 그러던 중 다시 서울에서 전화가 왔다.
〈뉴스룸〉 보도 전 낮 뉴스에서 간단히 보도를 하기로 결정이
돼 기사 작성과 더빙이 필요하다는 연락이었다. 한국 시각 오
후 2시 33분 JTBC 〈뉴스현장〉을 통해 첫 리포트가 보도됐다.
정유라가 경찰차에 오르는 영상과 함께 체포 소식을 간단히
전했다.

"정 씨가 체포된 곳은 덴마크 북부 올보르 시 외곽에 위치한 단독주택이었습니다. 정 씨는 체포 당시 아들과 보모, 경호원으로 추정되는 남성 두 명과 함께 은신 중이었던 것으로 확인됐습니다. 또 정 씨가 은신해온 덴마크 현지 주택에서는 정 씨 일행이 타고 다녔던 폭스바겐 차량과 함께 승마 관련 도구와 한국산 제품들도 발견됐습니다."

— 2017년 1월 2일, JTBC 〈뉴스현장〉

이후 특검이 브리핑을 통해 정유라의 체포 소식을 공식 발표했다. 경찰청 외사국도 인터폴을 통해 공식 접수한 내용을 토대로 정유라의 체포 관련 내용을 소속 기자단에 알렸다. 리포트가 나가자 내게 카카오톡 메시지가 쏟아졌다. 관련 보도가 줄을 이었지만 내가 있는 덴마크 올보르의 낡은 호텔은 여전히 동이 트기 전 새벽이었다. 나는 그때 비몽사몽 졸았다 깼다를 반복하고 있었다.

법정에서 진행된 인터뷰

이날 〈뉴스룸〉 큐시트에는 1, 2부를 통틀어 리포트 세 개, 전화 연결 두 개가 내게 배정돼 있었다. 이제 졸음을 떨치고 정신을 차려야 할 시간이었다. 한국 근무 시간에 맞춰 〈뉴스룸〉 보도를 준비해야 했다.

한국에서 저녁 8시 〈뉴스룸〉이 시작할 때 올보르는 낮 12시였다. 노율란 경찰서 로비에 앉아 노트북을 펴놓고 전화 연결을 준비하는데 덴마크 TV 방송기자 몇 명이 다가와 정유라에 대해 물었다. 한국 사람처럼 보이는 게 나뿐이니 내가 기자인 줄 단번에 알아챈 모양이었다. 덴마크 '사스마리'(察廻, 사회부 경찰기자를 뜻하는 표현. 일본어로 '경찰서를 돌아다니며 살펴본다'는 뜻)도 한국 사스마리와 별반 달라 보이지 않았다.

"이따 우리 방송이랑 인터뷰 좀 해줄 수 있을까요?"

"어쩌죠. 계속 한국으로 보낼 뉴스를 준비해야 해서요. 죄송합니다."

"잠깐이면 되는데 한번 해주세요. 이따가 법원에서라도 해주세요."

법원? 깜빡 잊고 있었다. 정유라에 대한 체포 기한 연장 또는 즉시 석방 여부를 결정하는 법정이 열린다는 것을 어제 경찰에게 들어놓고 정작 몇 시에 어디서 하는지 파악하지 않고 있었던 것이다. 친절한 덴마크 사스마리 덕분에 챙길 수 있게 됐다. 인터뷰는 회사에서 허락해주지 않는다는 핑계를 대고 계속 고사했다.

"제가 있는 곳은 덴마크 올보르 시 노율란 경찰서 앞입니다. 올보르 시와 주변부의 치한을 총괄하는 일종의 중심 경찰서 격인데요. 한국 시각으로 오늘 새벽 4시, 이곳 시각으로는 어젯밤 8시에 정유라 씨가 체포된 뒤, 현지 경찰이 이곳으로 정 씨를 압송했습니다. 정 씨의 체포 소식이 이곳 덴마크 현지 언론에 알려지면서 이곳에도 오전부터 현지 방송사 카메라가 목격되고 있습니다. 노율란 DR 방송국의 한 기자는 제게 '이곳 경찰이 정 씨에 대한 어떤 정보도 알려주지 않고 있다'면서 '어제 체포 상황과 관련해서 한국 정부의 대응에 대해 알려달라'고 묻기도 했습니다.

이곳 현지 경찰 역시 조심스러운 분위기라서 오늘 오전 정 씨를 불러 일부 조사를 벌인 것으로 알려졌지만 구체적인 내용은 밝히지 않고 있습니다."

— 2017년 1월 2일, JTBC 〈뉴스룸〉

〈뉴스룸〉 전화 연결까지 모두 마치고 경찰서에서 멀지 않은 올보르 법원으로 갔다. 덴마크 법정 내부 모습은 우리나라 법정과는 사뭇 달랐다. 커다란 창문을 통해 햇살이 환하게 들어왔다. 의자나 테이블도 불필요한 장식이 없는 소박하면서도 실용적인 디자인이었다. 굳이 따지자면 '휘게 법정'이었다. 우리나라 법정처럼 방청석 앞에 울타리가 있는 것도 아니었다. 마치 학부모가 학교 공개수업을 참관하러 온 것 같은 모양새로 법정 뒤편에 놓인 의자에 자유롭게 앉아 있을 수 있었다.

잠시 후 최재철 주덴마크 대사가 들어오더니 방청석에 앉았다. 이어 덴마크 언론사 기자 예닐곱 명이 가장 뒷자리에 모여 앉았다. 우리나라 기자는 벨기에 브뤼셀에 거점을 둔 〈연합뉴스〉 특파원 선배 말고는 보이지 않았다.

오후 2시, 정유라가 경찰관 뒤를 따라 법정 안으로 들어왔다. 방청석과 가까운 뒷문으로 들어오던 정유라와 순간 눈이 마주쳤다. 취재진들이 꽤 많이 몰린 탓인지 그는 깜짝 놀란 듯한 표정을 지었다. 입고 있는 옷은 전날 은신처에서 체포될 때의 복장 그대로였다. 〈뉴스룸〉 첫 보도가 나간 후 온라인에서 정유라가 입은 패딩이 200만 원짜리 캐나다 N사의 제품이 아니냐는 논란이 퍼졌다. N사는 "우리 제품이 아니다"라고 해명하는 일까지 벌어졌다. 정유라에 대한 대중의 관심이 얼마나 큰지 실감할 수 있는 해프닝이었다.

심사가 진행됐다. 덴마크어로 진행됐고, 정유라에게는 영어 통역자 한 명이 지원됐다. 덴마크 검찰은 정유라의 체포 기한 연장을 요구했다. 밤사이 한국에서 넘어온 최순실 국정농단 사건 관련 서류를 보고 읽으며 근거를 판사에게 설명했다. 덴마크 검사의 입에서 '박근혜'라는 이름은 물론이고 최경희 이화여대 총장, 김경숙 신산업융합대학장, 남궁곤 입학처장 등 한국 사람의 이름이 여러 번 나왔다. 희한한 광경이 아닐 수 없었다. 뿔테 안경을 쓴 키 큰 백인 변호사도 검찰에 맞서 즉각 석방을 주장했다. 나중에 알려졌지만, 이 변호사는 덴마크 일류 로펌 소속 유명 변호사였다. 심사가 진행되는 동안 프랑스 파리 등 덴마크와 가까운 곳을 거점으로 둔 국내 다른 언론사 특파원들이 속속 모여들었다. 내 입장에서는 TV로만 보던 유명한 선배 특파원들이라 왠지 모르게 반가웠다.

판사가 정회를 선언하자 방청석에 있던 나를 포함한 한국 기자들이 모두 정유라에게 다가가 그를 빙 둘러쌌다. 자연스럽게 인터뷰가 진행됐다. 정유라는 예상보다 적극적으로, 그리고 차분하게 사방에서 쏟아지는 질문을 받아냈다. 질문이 불명하면 다시 기자에게 꼼꼼하게 되물으며 자신감 있게 답변했다.

기자 이화여대에 휴학 처리를 하지 않고 곧장 독일로 왔는데, 왜 그런 건가요?

정유라 어머니한테 자퇴를 해달라고 말씀드렸는데 자퇴 신청이 안 됐어요.

기자 담당 교수는 누구였어요?

정유라 그때 학교를 간 적이 없어요. 담당 교수님이고 뭐고 하나도 모르는 시점이에요. 아기를 낳은 지 얼마 안 지나서 바로 독일로 왔어요. 두 달 만에 독일로 와서 바로 여기서 말을 탔어요. 그래서 교수님이 누군지 사실상 확인할 수 있는 방법이 하나도 없었어요.

기자 덴마크에는 언제 왔어요?

정유라 2016년 9월 말에 왔어요.

기자 9월 말부터 쭉 여기 있었던 거예요?

정유라 네.

기자 독일에도 갔다고 하는데.

정유라 비자는 독일 비자가 나와 있는 상태였고, 집이 슈미텐에 있어서 독일에 간 적이 있어요.

기자 독일에 언제쯤 갔어요?

정유라 2주 전에 갔다 온 것 같아요.

기자 2주 전이면 프랑크푸르트 시내에서…….

정유라 쇼핑은 안 갔어요. 돈도 땡전 한 푼 없고.

기자 그날 시내에 있었던 건 맞아요?

정유라 아니, 윤○○을 만난 지가 한 달이 넘었어요. 윤○○을 만난 건 확실히 모르겠어요.

기자 아이랑 같이 있을 수만 있다면 한국으로 들어가겠다고 했죠?

정유라 네, 보육원에 있든지 사회단체에 있든지 병원에 입원해 있든지 상관없어요.

기자 한국에 있는 변호사에게도 그런 이야기를 했어요?

정유라 변호사님이 바쁘셔서 연락이 잘 안 됩니다.

기자 삼성에서 사준 말은 지금 어디에 있어요?

정유라 사실 삼성이 차랑 말이랑 다 가지고 간다고 해서 "알았다"라고 말하고 현재는 제 말, 어린 말들이랑 한국에서 갖고 온 말 한 필 남았어요.

기자 그럼 이곳 승마장에 있어요?

정유라 네, 여기 승마장에.

기자 심경 한마디 이야기해주세요.

정유라 아이가 보고 싶어요. 말을 그만 탄다는 말도 드렸고, 독일 온 것도 박원오 전 승마협회 전무께서……. 아이 낳고 어머니랑 계속 싸우게 되니까, 재산 포기 각서까지 쓸 정도로 사이가 틀어졌었는데, 제 남자친구가 마음에 안 드는지 문제가 이어졌어요. 어머니랑 대화를 안 하는 사태도 있었고, 박 전무를 끼고 어머니와 이야기하는 상황까지 왔어요.

기자 변호사는 선임돼 있나요?

정유라 이경재 변호사가 도와준다고 했는데.

기자 여기에서 선임했어요?

정유라 아니, 여기서 말고요. 여기에서는 독일 변호사를 선임했었는데, 독일 돈세탁 문제 때문에요. 여기 덴마크 변호사님은 국선 변호사예요.

기자 본인 앞으로 지금 해외 재산 도피 혐의도 제기되고 있는데, 그 부분에 대해서는 어떤 입장인가요?

정유라 그건 확실하게 설명드릴 수 있어요. 아버지랑 어머니가 이혼하면서 강원도 땅을 제가 받았어요. 아빠 명의로 아빠 몫으로 있던 땅을. 그리고 그 땅을 담보로 잡았어요. 외환은행에서. 그래서 총 두 차례에 걸쳐서 36만 유로를 대출받았어요. 그 땅을 담보로. 그래서 1원 한 장 저희 돈 안 쓰고 그 대출만으로 집을 샀는데, 한국에서 이 대출을 다 갚았어요. 그리고 일단 그 조세포탈 그런 이야기도 있는데, 그런 것도 저희가 독일에서 세무사를 쓰면서 세금을 다 냈어요. 저는 회사 이름 같은 건 아예 모르는 게, 항상 저희 어머니와 그런 것 하시는 분이 따로 계신데, 일하시는 분이 포스트잇 딱딱딱 붙여놓고 사인할 것에 사인만 하게 하셔서 저는 내용은 몰라요. 처음에 "머리 식힐 겸 말 타지 않을래?"라고 해서 여기에 왔는데, 갑자기 박원오 전무님께서 "삼성이 선수 여섯 명을 뽑아서 말을 지원해준다더라. 타보지 않겠느냐?"고 해서, 그래서 여섯 명 지원을 하면 그냥 타야겠다, 라고 생각하고 말을 탔는데, 중간에 남편이 한국으로 돌아갔어요. 그리고 제가 막 엄청 예뻐하던 고양이가 죽어서, 그런 것 때문에 한참 방황을 할 때 제가 말을 안 타겠다고 말씀을 계속 드렸어요.

기자 한국 국민들이 제일 관심 있는 게 세월호 일곱 시간인데요. 본인이 박 대통령을 이모라는 호칭으로 불렀다는 이야기까지 있는데?

정유라 아니요. 저는 박근혜 대통령을 뵙긴 했는데, 마지막으로 본 게 거의 아버지가 일하실 때였어요.

기자 그게 언제예요?

정유라 초등학교 다닐 때요.

기자 혹시 엄마를 통해서 박근혜 대통령이 세월호 일곱 시간 동안 뭘 했는지 이런 얘기를 전해들은 건 없어요?

정유라 그땐 제가 임신 중이어서 어머니랑 완전히 사이가 틀어져 연락을 아예 안 할 때였어요. 저는 신림동에 살고 어머니는 강남구에 살고, 그래서 들은 게 없어요.

기자 이후에 전해들은 것도 없어요?

정유라 없어요. 일단 주사 아줌마 백 실장님이 누군지는 알 것 같아요.

기자 백 실장이 누구에요?

정유라 주사 아줌마로 나오시는 분은 제가 알 것 같고. 차은택 씨도 저는 딱 한 번 봤어요. 커피숍에서 딱 한 번.

기자 현재 독일 비자는 어떤 비자를 갖고 있는 거예요? 3년짜리 노동비자를 갖고 있는 건가요?

정유라 노동비자는 아니고 운동하는 사람 비자일 거예요.

기자 그럼 덴마크는 그냥 관광비자로 들어와 있던 건가요?

정유라 아니요. 비자를 받으면 유럽은 자유롭게 다닐 수 있다고 해서 그 비자로 다 다녔어요.

기자 프랑크푸르트에 가셨을 때 얼마 정도 머물다가 오셨어요? 2주 전에?

정유라 하루 찍고 왔어요. 프랑크푸르트도 아니라.

기자 슈미텐?

정유라 슈미텐은 거의 지나쳐서 온 거고, 이 위쪽에 제가 동네 이름은 모르는데, 거기 매매계약서 때문에 갔다 온 적이 있어요.

기자 유럽 비자 만료일이 언제예요?

정유라 2018년 12월이요.

기자 집에 같이 있던 분들은 누구예요?

정유라 저희 일 하시던 분들이요.

기자 남자 두 명? 일하던 것이면 회사를 말하는 건가요? 비덱 이쪽에서 일하셨던 분인가요?

정유라 일하셨던 분인데 이제 비덱이 파산했어요. 저희가 파산 신청을 해서 이미 파산신청이 들어갔어요.

기자 그 회사 직원이고 승마랑 같이 연관될 수도 있는 건가요, 두 명은?

정유라 네, 그 일로 오셨던 분이에요. 마필 관리사 쪽으로 오셨던 분인데, 여기 같이 있으면서 이것저것…….

기자 윤○○은?

정유라 윤○○은 연락이 안 돼요. 책임지기 싫어해서.

기자 지금 윤○○이 계속해서 보호했을 거라는 말이 많았는데?

정유라 그건 말도 안 되는 소리예요. 윤○○은 저랑 연락 자체를 안 하고 싶어하는 분이에요.

그동안 베일에 싸여 있었던 정유라의 말 한 마디 한 마디가 기사가 되어 온라인을 달궜다. 이날 세 시간 동안의 심사 끝에 법원은 정유라를 올보르 구치소에 4주 동안 구금하기로 결정했다. 이후 덴마크 법원은 두 번의 심리를 더 열어 2017년 3월 22일까지 구금을 재연장했다. 박근혜 대통령이 파면된 지 딱 일주일 후인 2017년 3월 17일 덴마크 검찰은 정유라를 한국으로 송환하겠다고 밝혔다. 정유라는 송환 불복 소송을 제기했지만 1심에서 패소했고, 곧바로 덴마크 서부 고등법원에 항소했다. 그러나 이내 항소를 철회하고 2017년 5월 31일 강제 송환 형식으로 한국 땅을 밟았다. 정유라가 체포돼 구금된 지 151일 만이었다.

2017년 7월 12일, 정유라는 이재용 삼성전자 부회장 재판에 예고 없이 증인으로 깜짝 출석했다. 그 자리에서 삼성이 자신에게만 말을 지원해줬다거나, '승마 특혜' 논란 이후 삼성의 승인하에 삼성이 제공해준 말을 다른 말로 바꿔치기했다는 등의 폭탄 증언을 쏟아냈다. 2017년 8월 25일, 이재용 삼성전자 부회장의 1심 선고에서 재판부는 이 부회장의 정유라 승마 훈련 지원에 대해 '경영권 승계에 도움을 바란 것'이라고 보고 뇌물로 판단했다. 대다수 언론에서는 '정유라의 증언이 결정타'였다는 분석을 내놓았다.

덴마크에서 열린 촛불집회

축하드려요. 혹시 아니면 어쩌나 맘 졸인 데다 취재가 되어도 도망가면 어쩌나 했는데 직접 잡으셨네요. 지금 실검에 기자님 이름이 계속 오르고 있어요. ㅎㅎ 오늘 〈뉴스룸〉 잘 보겠습니다.

정유라의 체포 소식 리포트가 전파를 타자 한국에서 결정적인 제보를 준 이 씨가 문자를 보내왔다. 선의를 갖고 제보를 해놓고도 우리가 헛걸음하는 것은 아닌지 걱정했다는 그 마음이 무척 따뜻하게 느껴졌다. 제보를 받고 나서 이를 더 알아볼 것인지 말 것인지는 전적으로 기자의 판단이다. 헛걸음을 감수하고서라도 직접 찾아나설 가치가 있다고 판단되면 짐을 꾸리고 떠나는 것이다. 설사 헛걸음으로 끝나더라도 아쉬움이 들 뿐

원망하는 마음은 들지 않는다. 그럼에도 내가 정유라의 은신처 앞에서 마음 졸인 것처럼 이 씨 역시 계속 마음을 졸였다는 말에 감사했다.

〈뉴스룸〉 보도가 나간 후 소셜미디어나 이메일로 과분한 격려와 응원이 쏟아졌다. 독일에서부터 거의 같은 녹색 점퍼를 입었는데, 그걸 입고 나온 뉴스 영상을 캡처해 "어느 브랜드냐?"고 묻는 패션 마니아 시청자도 있었다.

덴마크 옆에 있는 나라 스웨덴에 거주하는 교민은 직접 올보르로 건너와 촛불집회를 열 계획이라며 이메일을 보내왔다.

안녕하세요, 이가혁 기자님.

저는 덴마크 근처 스웨덴 남부에 거주하고 있는 교민입니다.

먼저 대한민국을 위한 기자님의 노고에 정말 감사드린다는 말씀을 꼭 드리고 싶습니다.

다름이 아니라 지금 스웨덴과 덴마크에 있는 교민과 유학생들을 중심으로 덴마크 올보르 현지에서의 촛불집회를 계획하고 있습니다.

장소로 구금 시설과 측근 자택을 생각 중인데 현지 사정을 알수가 없어 이렇게 실례를 무릅쓰고 개인적으로 연락을 드렸습니다.

구금 시설과 측근 자택 주변이 집회가 가능한 장소일지, 또한 그곳의 정확한 주소를 공유해주실 수 있는지 궁금합니다.

현재 국내 언론사 기자분들이 몇 분이나 계신지도 궁금합니다.

소소하게나마 애쓰시는 기자님들께 취재 지원도 하고 싶은데 덴마크에 계시면서 작더라도 어려운 점 있으시면 꼭 말씀해주시기를 부탁드립니다.

새해에 추운 덴마크에서 고생하고 계시는 기자님께 직접 뵙고 감사 인사를 드리고 싶습니다.

메시지 보시면 꼭 답장 부탁드립니다.

경찰에 쫓겨난 경험에 비춰볼 때 한적한 그 마을에서 집회를 열면 곤란을 겪을 수도 있을 것 같았다. 정유라의 은신처 주소 대신 올보르 구치소 주소를 알려드렸다.

집회가 가능한 여건이라는 것이 인원수나 집회 형식에 따라 다르기 때문에 제가 말씀드리기가 곤란한 부분이 있으나, 정유라 씨 은신처는 한적한 마을이므로 집회가 있을 경우 주민들의 피해 신고가 접수될 것 같습니다. 차라리 공공기관 앞인 구치소가 더 낫지 않을까 생각됩니다.

말씀하신 구금 시설(구치소)은 주소가 Anders Borks Vej 3, 9000, Aalborg입니다. 구글 로드뷰를 통해 확인하시면 주변 환경을 살피실 수 있을 것입니다.

올보르에서 정말 촛불집회가 열릴 수 있을까. 교민들이 실제 올보르에 모여 촛불집회를 하려면 각자 적지 않은 돈을 들여 비행기를 타고 와야 하는 상황이었다.

2주 뒤, 이들은 올보르에 진짜 모였다. 현지 시각으로 2017년 1월 13일과 14일 이틀에 걸쳐 정유라 자진 귀국을 촉구하고, 덴마크 당국에도 정유라를 빨리 한국으로 보낼 것을 요구하는 촛불집회를 연 것이다. 스웨덴 말뫼에서 비행기를 두 번 갈아타고 온 교민, 영국에서 날아온 참가자까지 스무 명가량이 모여 촛불을 들었다. 한국에서 매주 이어지는 촛불집회와 비교할 규모는 아니지만, 진정성과 열의만큼은 뒤지지 않았다고 한다. 내가 한국으로 돌아간 후라, 직접 그 광경을 보지 못하고 언론 보도로 접할 수밖에 없어 아쉬웠다.

선의의 제보자

귀국 후, 오스트리아로 가던 차를 돌리게 했던 결정적인 제보자 이 씨와 다시 전화 통화를 했다. 그가 JTBC에 제보하게 된 경위가 궁금했다. 그는 나와 통화하던 날 시간까지 비교적 정확하게 기억하고 있었다.

"제가 2016년 12월 30일 오후 4~5시쯤 JTBC 제보전화 번호로 전화를 했어요. 그리고 이 기자님이 독일에서 저한테 전화를 걸어온 게 저녁 먹고 있을 때니까 아마 한국 시간으로 저녁 7시 반에서 8시 사이쯤이었을 거예요."

"저와도 익명으로 통화했던 독일에 계신 그 여성분이 제보를 하라고 제안하신 건가요?"

"제보 전날 저녁에 회사 송년회를 하고 있었어요. 그때 마침 독일에 계신 선생님이 전화를 걸어와 농담 반 진담 반으로 좋은 소식이 있다고 하시는 거예요. 한참 정유라에 대한 이야기가 나올 때라 '정유라 있는 곳이라도 아시나 봐요?'라고 했더니 선생님이 놀라시면서 '어떻게 알았냐?'고 하시더라고요. 아무튼 일단 다시 통화하기로 하고 송년회를 마친 다음 날 새벽 3시에 독일로 전화를 걸었죠. 송년회가 끝나고 집에 들어가서요. 날이 밝는 대로 방송사든 정당이든 제보를 하겠다고 했어요."

"그래서 JTBC로 제보를 하신 거군요?"

"날이 밝자 어디로 어떻게 제보를 할까 고민을 했죠. 그러다 JTBC와 정의당 노회찬 의원실 그렇게 두 군데 제보를 했어요. 의원실에서도 제 제보를 받고 나서 나름대로 확인을 하려고 했던 것 같아요. 그런데 JTBC처럼 현장으로 직접 가볼 수는 없었겠죠. 나중에 '덴마크는 정유라가 승마 훈련을 했던 곳이기도 하고, 승마대회를 위해 다녀갔던 곳이기도 하다'는 정도로 답변을 주시더라고요."

"제보를 하시고 나서는 어떤 생각이 드셨나요?"

"독일에 계신 선생님이랑 이런저런 이야기를 많이 했어요. 만약에 이 기자님이 거기에 갔는데 정유라가 없으면 어떻게 하나, JTBC 취재진이 가서 고생하는데 허탕치고 다시 독일 돌아오면 다른 관계자들이라도 찾아내서 만나게 해드려야겠다, 이런 말도 했는데 다행히 정유라를 찾으셨네요."

"독일에 계신 그 선생님이 누구신지 참 궁금하네요. 좀 더 알려주실 순 없나요?"

"이름을 공개하는 걸 원치 않으시는데, 제가 이따 통화 해보고 알려드릴게요."

몇 시간 뒤 이 씨에게서 답변이 왔다.

"역시 밝히시는 걸 원치 않으시네요. 아무래도 주변 사람들에게 알려지고 그러면 괜히 귀찮은 상황이 생길 수도 있으니까요. 독일에 30년 정도 사셨고, 한국과 관련한 여러 가지 일도 계속하고 계시고, 성은 이씨입니다. 그 정도까지만 소개해드리라고 하시네요."

정유라가 구금된 덴마크 올보르 구치소. 처음 이곳을 찾아갔을 때 바로 앞에서 "구치소가 대체 어디야?"라며 한참을 헤맸다. 이렇게 아름다운 건물일 줄이야. 촘촘한 벽돌, 높은 지붕의 건물 앞에 녹색 잔디밭까지 어우러져 제법 아늑한 느낌까지 든다. 덴마크 수도 코펜하겐을 비롯해 스웨덴, 영국 등에서 날아온 교민과 유학생이 이 건물 앞에 모여 정유라 송환을 요구하는 촛불집회를 벌이기도 했다. (2017년 1월 4일)

한국 사람의 흔적. 은신처 담장 밖에 쓰레기통이 하나 놓여 있었다. 내용물을 꺼내 확인해보니 라면, 간장, 에너지 드링크 등 한국 제품이 많았다. 안에 한국 사람이 거주하고 있다는 게 확실해지는 순간이다. 물론 모두 살펴본 후 깨끗하게 다시 집어넣었다. (2017년 1월 1일)

독일 프랑크푸르트 공항 근처 고속도로 갓길. 부푼 기대를 갖고 탄 벤츠 택시는 5분 정도 달리다 타이어 펑크가 났다. 추적추적 비가 내리던 밤 짐을 다시 빼고 다른 택시를 기다려야 했다. 점퍼를 입은 남성은 카메라기자 이학진 선배. (2016년 12월 22일)

출동한 현지 경찰. 정유라 은신처 앞에 최초 도착한 경찰관 두 명은 수상한 기운을 감지한 탓인지 섣불리 집 안으로 들어가지 않았다. 이후 경찰견을 동반한 경찰관 두 명이 추가로 도착했다. (2017년 1월 1일)

크리스마스 당일 프랑크푸르트 구시가지에 있는 뢰머 광장. 평소에도 관광객 필수 코스지만 연말에는 화려한 조명과 크리스마스 장식으로 더욱 아름답게 변신해 연일 사람으로 북적이는 곳이다. 광장에 모인 이들 중 우리만 업무 목적의 방문객 같아 보였다. (2016년 12월 25일)

2장

기자에서 벗이 되기까지

이화여자대학교

대화하고 싶습니다

2016년 8월 1일은 밖에 가만히 서 있기만 해도 등이 땀으로 흥건히 젖을 만큼 더운 날이었다. 지하철 2호선 이대역에서 내려 3번 출구로 나와 이대 정문까지 걸어가는 그 300미터 남짓이 그렇게 힘들 수가 없었다.

　이화여자대학교를 취재하게 된 다른 이유는 없었다. 내가 '마포 라인'이었기 때문이다. 대부분 언론사 사건사회 담당팀(JTBC의 경우 '기동팀'이라고 부른다)은 서울을 몇 개 구역(일명 '라인')으로 나눠 구역별 담당 기자를 둔다. 마포 라인의 경우 마포경찰서, 서대문경찰서, 은평경찰서, 서부경찰서를 중심으로 이화여대, 연세대, 서강대 등 대학교를 비롯해 주요 시민단체를 챙긴다. 그 안에서 일어나는 모든 사안을 다 챙기는 지역 방어 개념이다.

이화여대는 내 라인에 있는 대학교였기 때문에 학생들이 농성을 벌인다고 하니, 찾아간 것뿐이었다. 처음에는 그랬다.

2016년 7월 28일, 이화여대 재학생들은 평생교육 단과대학 (일명 '미래라이프대학') 설립에 명확한 반대 의사를 전하고 총장과 대화하기 위해 학교 본관으로 들어갔다. 본관은 미래라이프대학 신설을 위한 학칙 개정안을 다루는 대학평의원회가 열리는 곳이었다. 하지만 학생들이 원하는 대화는 성사되지 않았다. 그게 농성으로, 또 점거로 이어졌다.

이틀 후 경찰 1,600명이 학교로 출동했다. 학교 홍보팀은 "경찰은 우리가 부른 게 아니다"라고 해명했다. 그렇다면 경찰이 알아서 학생들을 끌어내려고 학교 안으로 들어갔단 말인가. 학교의 거짓 해명은 전략적으로도 완벽한 실패였다. 서대문경찰서는 곧바로 "학교가 세 차례 출동 요청을 했다"라며 이대 측 주장을 반박하는 구체적인 근거 자료를 공개했다. 경찰은 "다수의 학생이 본관을 점거하고 평의회 위원들을 수 시간째 감금하고 있어 시설 보호를 요청한다"는 학교 총무처장 명의의 공문, "회의장에 감금된 위원 여섯 명이 밖으로 나올 수 있도록 조치를 바란다"는 총장 명의의 공문, 그리고 두 차례 공문 접수 후에도 총장이 명확하게 경찰에 출동 요청을 한 전화 통화 내용까지 기자단에게 알렸다. 그렇게 이화여대 재학생들은 점거농성을 벌이게 됐고, 학교와 대치하게 됐다. 이건 사실이었지만,

사실이 아니기도 했다.

학교는 조용했다. 학생들은 본관 앞 정원의 나무에 최경희 총장에게 바라는 점을 적은 작은 쪽지를 열매처럼 주렁주렁 걸어두었다. 크리스마스트리같이 깜찍한 모습이었다. 본관 정문 계단 위로는 '최경희 총장님 대화하고 싶습니다'라는 문구가 적힌 커다란 현수막을 내걸었다.

2016년 8월 1일, 최경희 총장이 기자회견을 자처했다. 이화여대 ECC관 지하 이삼봉홀에 기자들이 모였다. 학교 측은 기자회견장에 이대 학내 언론사 기자를 제외하고는 재학생 출입을 통제했다. 총장이 답변하기 곤란한 질문을 막으려는 의도로 보였다. 그래도 일부 학생들은 출입문 안으로 간신히 들어와 인터뷰 내내 항의 피켓을 들고 서 있기도 했다. 대신 기자회견장 밖에 대형 스크린을 설치해 학생들이 밖에서 기자회견을 볼 수 있도록 했다. 학생 수백 명이 기자회견장 밖을 둘러쌌다.

최경희 총장은 평생교육 단과대학 설립에 대해 대학에 진학하지 못한 사회인에게 대학 교육의 기회를 제공하고 학교는 수익을 더 얻을 수 있는 장점이 있다고 설명했다. 최 총장은 "평생교육 단과대학 설립과 관련한 일정을 모두 중단하겠다"며 학생들에게 본관 점거농성을 풀 것을 요구했다. 그러면서 격앙된 반응을 보이기도 했다.

"학생들이 맞는지는 알 수 없지만 무자비하게 SNS를 통해 상상할 수 없는 내용들이 퍼지고 있다."

학생들의 행동에 외부세력이 개입했다는 취지로 해석되는 말이었다. 밖에서 스크린을 보고 있던 학생들이 일제히 야유를 보냈다. 그 소리는 기자회견장 안에서도 쩌렁쩌렁하게 들렸다. 시종일관 무표정했던 최경희 총장의 얼굴이 붉어졌다. 야유가 좀 더 이어지자 최 총장이 다시 말했다.

"저건 이대생의 행동이라고 볼 수 없습니다."

총장의 기자회견이 끝나자 학생들이 본관 앞에서 반박 기자회견을 열었다. 원래 계획한 것은 아니었던 것 같았다. 총장의 기자회견 취재를 마치고 밖으로 나오는 기자들을 향해 학생들은 다급하게 알렸다.

"저희도 기자회견을 열겠습니다. 본관 앞으로 모여주십시오."

학생들은 느리고 서툴렀지만, 신중하고 명확했다. 평생교육 단과대학 설립 취지에 반대하는 뜻을 가진 학생, 졸업생들이 자발적으로 모인 것이란 점을 지속적으로 강조했다. 학생들은 평생교육 단과대학이라는 것이 결국 학벌주의 사회를 조장하고 또는 돈벌이, 학위 장사로 이어질 가능성이 있다는 우려를 표했다.

점거농성이 계속 외부와 철저하게 단절된 채 비장한 분위기로만 흘러간 것은 아니었다. 생활밀착형이었다고나 할까. 계절 학기를 수강하거나, 아르바이트를 가야 하는 학생들은 본관에서 잠시 나왔다가 다시 들어가 농성에 참여하는 식이었다. 졸업생들이 나서서 점거농성 학생들을 대상으로 '진로 멘토링' 행사를 열기도 했다. 농성을 지지하는 사람들이 보내준 화장품으로 파우더룸을 만들었다는 이야기도 들렸다. 학생들이 쓰레기 분리수거를 철저하게 하다보니 '우리 집보다 깨끗하다'는 반응을 보인 학생들도 있었다고 한다. 페이스북, 인스타그램에 #saveourewha라는 해시태그를 달고 지지를 표시하는 구성원도 많았다. 치열하고 비장했지만, 동시에 참신하고 색달랐다.

느린 민주주의

본관 점거농성에 참여한 학생들은 선글라스와 마스크를 쓰고 다녔다. 일부 관광객이나 외부인들이 본관 안으로 드나드는 길목인 건물 뒤편을 촬영하려다 제지당하기도 했다. 학생들은 신분이 노출되지 않도록 서로 독려할 뿐만 아니라 취재진에게도 사진이나 영상에서 신원이 드러나지 않게 해줄 것을 여러 차례 당부했다. 학생들이 지내는 본관 내부를 촬영하도록 해달라고 요구했지만 그들은 고민 끝에 허락해주지 않았다.

취재진들이 점차 늘기 시작했다. 학생들은 언론대응팀, 현장대응팀 등 역할을 나누고 본관 옆 야외 공간에 천막을 쳤다. 기자들이 앉아서 기사를 작성할 수 있도록 프레스센터를 마련한 것이다. 학생들이 기자들에게 "수고하신다"며 음료수를 나

뉘주기도 했는데, 이들이 건넨 음료수를 그대로 받아먹는 기자는 많지 않았다. 무더위 속에서 오히려 열악한 쪽은 기자들보다 학생들인 것 같았기 때문이다.

취재진은 점거농성 학생들과 이메일로 소통했다. 언론을 담당한 학생이 알려준 이메일 주소로 질문을 보내면 본관 안에 모인 학생들은 어떻게 답할 것인지 토론했다. 이른바 '만민공동회'가 열리는 것이다. 이렇게 모인 답변을 다시 이메일로 전해주었다. 경우에 따라서 세네 시간이 넘게 걸리기도 했지만, 학생들은 이 방식을 고수했다. 일각에서는 이를 두고 '느린 민주주의', '직접 민주주의'라고 불렀다. 이런 '느린 현장'에선 불만을 제기하는 기자가 나오기 마련이다. 한 방송사 카메라기자가 언론 대응을 맡은 학생에게 시스템을 바꿔보라며 불만 섞인 제안을 했다.

"기자가 물어본 걸 이렇게 늦게 답해주면 기사가 제대로 안 나가요. 즉석에서 말해줄 수 있는 건 바로바로 답을 해줘요. 대학교나 기업체에서 홍보팀이란 걸 두는 이유가 다 있는 거예요."

아마 현장에서 가장 연차가 높았던 것 같은 카메라기자가 볼 멘소리를 했다. 마스크로 얼굴을 가린 채 이 말을 다 들은 학생은 망설임 없이 답변했다.

"저희 언론대응팀이 개별적으로 답변을 드렸다가 본관 안에 있는 많은 학생들이 의도치 않게 오해를 받을 수 있어서 기자님들 질문은 모두 본관에서 토론을 거쳐 답하는 것을 원칙으로 정했습니다. 이해해주십시오."

2016년 8월 3일 오전, 학교 측은 평생교육 단과대학 설립 계획을 백지화하겠고 밝혔다. 그리고 몇 시간 후 최경희 총장이 본관의 계단 앞에 등장했다. 최 총장은 "과정이 어땠든 공권력 투입은 미안하게 생각한다. 농성 참가자에게 어떠한 불이익도 없을 것이다"라고 공개적으로 밝혔다. 이날 저녁은 이미 전날부터 이화여대 졸업생들까지 모여 대규모 집회를 열기로 예고한 날이었다.

총장의 발표와는 상관없이 재학생과 졸업생들은 어둠이 내린 이화여대 캠퍼스에 모였다. 스마트폰 '손전등' 모드를 켠 사람들이 캠퍼스를 가득 메웠다. 구호는 "평생교육 단과대 설립 철회"에서 한발 더 나아간 "사퇴해"였다. 최경희 총장에 대한 구성원들의 불신이 본격적으로 표출되기 시작했다.

최후통첩

사드(THAAD) 배치 계획 때문에 중국인 관광객이 줄었다고 들었는데 이화여대 앞은 별로 그렇지 않았다. 이대 정문에 있는 배꽃 문양을 배경으로 기념 촬영을 하는 중국인 관광객은 여전히 많았다. 배꽃 문양 뒤로 조금 색다른 장면이 있긴 했다. 학교 정문 왼편의 거대한 담벼락에 'RETURN'이라는 도장이 찍힌 졸업장이 타일처럼 다닥다닥 붙기 시작했다. 졸업생들이 최경희 총장 사퇴를 요구하며 졸업장을 반납한다는 의미로 자신의 졸업장 사본을 붙인 것이었다. 요우커들이 '리턴 졸업장'을 배경으로 사진을 찍는 모습이 이채로웠다.

2016년 8월 7일, 학생들은 이메일로 공식 성명을 배포했다.

일련의 사태를 겪으며 우리 재학생 및 졸업생들은 총장을 더 이상 신뢰할 수 없으며, 구성원의 의견을 무시하고 소통하기 위한 노력은커녕 도리어 1,600명의 경찰을 교내에 진입시켜 학생들을 위협하고 이화의 명예를 실추시킨 교육자에게 더 이상 학교를 맡길 수 없다는 결론을 내렸다. 비민주적인 학교 운영과 경찰의 학내 폭력진압 사태에 대하여 책임자인 최경희 총장은 공식적인 사과와 함께 8월 9일 화요일 오후 3시까지 총장직에서 사퇴할 것을 강력하게 요구한다. 그렇지 않을 경우 8월 10일 수요일에 재학생과 졸업생이 참여하는 대규모 시위를 통해 강하게 대응할 것이다.

최후통첩이었다. 이화여대 본관 점거농성이 평생교육 단과대학 설립 문제에서 공식적으로 한 차원 더 커지게 됐다. 취재진은 더 늘었다. 학생들이 총장 사퇴 시점으로 못 박은 9일에는 오전부터 언론사 차량이 캠퍼스로 속속 들어왔다. 학교 측 입장을 기자들에게 알리는 대외홍보 파트 관계자는 "이제는 어찌 될지 모르겠다"며 속내를 감추지 않았다.

학교가 먼저 움직였다. 재학생들과 출입 기자들에게 최경희 총장 명의의 이메일이 배포됐다. A4용지 한 장짜리 문서의 제목은 '친애하는 재학생, 졸업생 여러분께'였다. 혹시 전격 사퇴를 발표하는 것이 아닐까.

예상과 달리 사퇴 수용이 아니었다. 최 총장은 "겸허한 자세로 학생들의 어떠한 대화 요청에도 성심껏 응할 준비를 하고 있다", "여러분들이 질의할 내용들이 모아지는 대로 빠르게 답변하도록 하겠다"고 밝혔다. 소통을 시작하겠다는 뜻을 밝힌 것이다. 하지만 학생들은 너무 늦은 답변이라고 판단했다. 소통과 만남을 강조했지만, 전체 내용을 잘 뜯어보면 결국 사퇴를 하지 않겠다는 주장과 다름없었다. 학교 측은 총장의 이메일에 대해 "총장 사퇴는 전혀 논의되고 있지 않다"고 부연 설명했다.

선글라스와 마스크, 모자로 얼굴을 가린 학생이 임시 프레스센터에 모인 취재진 앞에 섰다. 최 총장의 대화 제안 서한에 대해서 "이번 사안은 단순한 사과만으로 끝낼 일이 아니게 되어버렸다. 대화 자리를 학생들이 요청했던 것은 지난달 30일, 학내 폭력진압 사태 이전의 일이다"라고 밝혔다. 또 "경찰병력 투입과 이화인들에게 준 상처에 책임지고 총장직에서 사퇴해줄 것을 간곡하게 부탁드린다"고도 했다.

그러나 이 간절한 부탁은 곧장 받아들여지지 않았다. 학교 곳곳에 8월 10일 저녁 대규모 집회에 참여해달라는 대자보가 나붙었다. 얼마나 모일까, 어떤 파괴력을 갖게 될까. 대자보를 붙이는 학생을 붙잡고 물어봤지만 "누구에게 참여를 약속받는 식으로 홍보하지 않기 때문에 인원 예측은 불가능하다"라는 답변만 돌아왔다.

2016년 8월 10일, 저녁 예정대로 총장 사퇴를 요구하는 대규모 교내 행진이 벌어졌다. 어둠이 깔린 여름밤 이화여대 캠퍼스는 학생들이 일제히 치켜든 스마트폰 불빛으로 다시 한 번 가득 찼다. 이날 JTBC 〈뉴스룸〉에서는 교내 행진 현장을 생중계하기로 했다. 한곳에 스탠바이하고 서 있을 수가 없어 대열을 계속 따라갔다. "사퇴해"라는 학생들의 외침이 너무 커 방송 직전까지 중계 포인트를 잡느라 진땀을 빼야 했다.

"오늘 시위 참가자가 몇 명인지는 아직 확인할 순 없지만, 지난 3일 1차 학내 시위 당시, 경찰 추산 5,000명, 그리고 학생들 추산 1만여 명이었던 점을 감안하면 오늘은 그때보다 조금 더 많은 시위 참가자들이 모인 것으로 추측됩니다.

시위 참가자들은 지난달 30일, 학내로 1,600명의 경찰병력이 투입된 것과 평생교육 단과대학 추진 과정, 그 밖에도 지금까지 학교 측이 각종 수익사업을 추진하면서 학내 구성원들과 갈등을 빚었던 점 등을 최경희 총장이 모두 책임지고 자리에서 물러나야 한다고 주장하고 있습니다.

오늘은 이화여대 열다섯 명의 학장들이 호소문을 발표했습니다. 호소문에서 학교 집행부에 대해 '책임을 통감하고 함께 제도적인 개혁'을 하자고 호소했고, 또 학생들에겐 '농성을 멈추고 학업으로 돌아가달라'고 말했습니다. 하지만 여전히 문제의 해결점은 찾기 쉽지 않습니다. 학생들은 오늘 시위 이후의 계획에 대해서 묻자 일단 오늘 일정이 끝난 뒤 다시 논의할 것이라면서 한 가지 확실한 것은 총장 사퇴 외의 다른 타협점은 없다, 라고 밝혔습니다."

— 2016년 8월 10일, JTBC 〈뉴스룸〉

교수들도 움직였다. 이화여대 교수협의회 주도로 만들어진 교수비상대책위원회가 뜻을 함께하는 교수들의 의견을 모아 성명서를 발표했다. "총장이 유례없이 학교에 경찰력 동원을 요청하고, 농성 후 20일이 넘어가는데도 오히려 학교 측이 학생들과 적대적 관계를 형성하고 있다"면서 "학교의 명예를 훼손한 책임을 지고 최경희 총장이 사퇴하라"고 밝혔다. 교수 사회가 움직이자 그동안 사퇴는 언급할 단계가 아니라던 최 총장이 자리에서 물러날 것이라는 관측이 나오기 시작했다. 이 비대위의 공동회장이었던 김혜숙 교수는 2017년 5월 이화여대 역사상 최초로 재학생·동문·교직원이 참여한 직선제를 통해 총장으로 선출됐다.

맨 처음 한 사람의 목소리

뒤숭숭한 여름의 캠퍼스, 그래도 학교는 돌아갔다. 코스모스 졸업식이라고 불리는 후기 졸업식도 그중 하나였다. 학교 입장에서는 미룰 수도 없었을 것이다. 아무리 학생의 지탄을 받고 있는 총장이라 하더라도 학위수여식에 참석하지 않을 수는 없는 노릇이었다.

2016년 8월 28일, 졸업식이 열리는 대강당에 나는 조금 늦게 도착했다. 다 함께 찬송가를 부르는 순서가 진행되고 있는 식장은 인파로 발 디딜 틈이 없었다. 공기는 어수선했다. 뭔가 돌발 상황이 벌어질 거라는 예감이 들었는데, 아마 식장에 있던 모든 사람들이 같은 생각을 하는 것 같았다. 카메라기자들도 분주히 식장 안 이곳저곳을 돌아다녔다. 연단 위에 근엄하게 앉아 있는 총장과 교수들의 표정이 불편해 보였다. 눈동자를 어디에 둘지 몰라 불안한 얼굴들. 고개를 돌려 반대편 2층 난간과 2층 벽을 보니 그럴 만했다.

— 1,600명 경찰 투입 결정한 최경희 총장, 책임지고 사퇴하라
— 총장 사퇴만이 답이다
— 구성원의 신뢰를 잃은 총장에게 이화를 맡길 수 없다

이 문구가 적힌 대형 현수막 세 개가 연단과 정확히 마주한 위치에 걸려 있었다. 나중에 확인해보니 식이 시작하기 전 학생들이 내건 것이었다. 학교 관계자들이 현수막을 걸려는 학생들을 막으려 했지만, 근처에 있던 학부모들이 "내버려두라"고 제지해 걸 수 있었다는 이야기가 들렸다.

냉방장치를 가동한 듯했지만 대강당 안은 점점 더워졌다. 졸업생들과 학부모들이 손에 든 부채에는 '해방 이화'라는 글씨가 선명했다.

"다음은 총장 말씀 순서가 있겠습니다."

무슨 일이 벌어질 것은 분명했다. 그게 어떤 모습, 어떤 종류일지가 문제였다. 의자에 앉아 있던 최경희 총장이 일어나 몇 발자국 앞에 있는 단상으로 다가섰다. 마이크를 입에 가까이 댔다. 의외로 여기까진 조용했다.

"사랑하는 졸업생 여러분."

첫마디를 내뱉자마자 1층 졸업생 자리 쪽에서 낭랑한 외침이 들려왔다.

"해방 이화! 총장 사퇴!"

이건 분명 한 사람의 목소리였다. 모든 사람들의 눈이 휘둥그레진 것은 바로 그다음이었다. 첫 구호가 들린 후, 거짓말처럼 적어도 수백 명의 졸업생들이 다 함께 같은 구호를 외치며 뒤따랐다. 목소리가 점차 커진 것이 아니라, 처음 한 명이 구호를 내뱉은 이후 정확히 그다음 구호부터 장내를 메울 수 있는 최대치의 함성이 가득 퍼졌다. 단상을 비추고 있던 방송사 카메라들이 일제히 졸업생들의 자리를 향해 방향을 틀었다. 처음 구호를 외친 그 학생은 누구였을까. 미리 계획했던 것일까, 즉흥적으로 용기를 낸 것일까.

졸업생 몇몇은 아예 자리에서 일어나 팔을 치켜들고 구호를 외쳤다. 표정까지 구겨가며 목청껏 외쳤다. 구호를 외치고 있는 스스로도 자신들의 용기에 감탄하는 표정이었다. 구호를 외치면서 동시에 서로의 모습을 스마트폰으로 촬영하기도 했다. 기억에 오래 남을 만한 졸업식이 분명했다.

물론 졸업생 모두가 이 외침에 동조한 것은 아니었다. 몇몇은 민망하다는 듯 고개를 숙이거나 어쩔 줄 몰라하는 표정을 짓기도 했다. 단상에 점잖게 앉아 있던 학장단, 초대 손님 역시 당황한 표정이었다.

"5분만 시간을 주세요, 5분만."

구호를 들으면서 고개를 끄덕이며 애써 여유로운 표정을 짓던 총장이 다시 발언을 이어가려 했다. 하지만 장내는 이미 "총장 사퇴" 구호에 압도된 상태였다. 총장이 뭐라고 몇 마디 더 했지만 잘 들리지 않았다.

"학생들의 뜻이 충분히 전달됐다고 생각합니다. 축하 인사는 화면에 띄운 내용으로 대신합니다. 말씀 마치겠습니다."

결국 총장은 이 말을 남기고 자리에 앉았다. 장내가 다시 조용해졌다. 졸업생은 졸업생대로, 2층에 앉아 있던 학부모는 학부모대로 조금 전 목격한 진귀한 상황을 되새기기라도 하듯 옆사람과 이야기를 하고 스마트폰 화면을 뒤적거렸다.

다음은 학과별 졸업생 대표가 단상에 올라 총장에게 직접학위를 받는 순서였다. 총장이 학위 증서를 주고, 이를 받아든졸업생이 목례와 악수를 하고 퇴장하는 행렬이 이어졌다. 그때 또다시 장내가 술렁였다. 한 졸업생 대표가 학위 증서만 받고 총장이 내민 손은 거부한 채 마주보고 서 있었던 것이다. 최총장이 민망한 표정을 지으며 내민 손을 거두었다. 분명 총장에 대한 항의 표시였다. 총장이 연설을 하기 위해 단상에 올랐을 때는 무슨 일이 벌어질 거라 예상했지만, 지금 이건 분명 예상 밖의 일이었다. 총장 뒤로 학교에서 한자리씩 한다는 높으신 분들이 일제히 앉아 이 상황을 지켜보고 있었다. 총장과 불과 1미터 거리에서 꼿꼿하게 허리를 세우고 가만히 서 있는, 길어야 2~3초였던 그 장면은 불과 몇 분 전 느꼈던 함성 소리만큼이나 강렬했다. 이 졸업생은 악수를 거부한 후에 총장을 향한 목례 대신 뒤로 돌아 졸업생과 학부모석을 향해 허리를 굽혔다. 졸업생과 학부모석에서 박수가 터져나왔다.

졸업식이 끝난 후 본관 점거농성을 벌이는 학생 측이 기자단에 이메일을 배포했다.

저희의 모든 시위와 오늘 졸업식에서 계획됐던 모든 단체행동 등은 어떠한 정치세력과도 무관합니다. 거듭 말씀드리지만 그 어떤 정치세력도 저희와는 전혀 무관하며, 저희가 요청한 바도 없습니다. 저희는 계속 이어오던 대로 학교를 사랑하는 학생으로 참여하고 있을 뿐입니다.

졸업식 이틀 후, 학교 측은 교내 곳곳에 '사랑하는 이화인 여러분들께 드리는 총장의 두 번째 편지'라는 제목의 벽보를 붙였다.

저는 이화를 위해, 사랑하는 제자들을 위해 총장으로서 그리고 교육자로서 제 책임과 역할을 흔들림 없이 수행해나가고자 합니

144

다. 이화의 발전과 화합을 위한 일이라면 제 개인에 대한 어떠한 비난과 수모도 다 인내할 각오가 돼 있습니다.

최 총장은 졸업식에서 울려 퍼진 함성이 자신을 향한 창피주기라고 받아들였던 것 같다.

바로잡히길 바라는 마음

"선배, 한 시간을 따라다녔는데 결국 차 타고 도망갔습니다."

이화여대 의류산업학과 이 모 교수 인터뷰를 시도하던 후배 문현경 기자가 씩씩거리며 내게 보고했다. 이 교수는 2016년 여름학기 '글로벌 융합 문화체험 및 디자인 연구' 과목을 담당했다. 이 과목은 졸업을 앞둔 패션 전공 학생들이 길게는 1년 동안 손수 디자인부터 제작까지 마친 옷을 중국의 한 패션쇼 무대에 올리는 현장실습 수업이었다. 체육과학부 소속의 정유라가 제대로 수업에 참여하지 않고도 2학점을 이수한 문제의 과목이기도 했다. 2016년 10월 11일, 〈뉴스타파〉가 처음 의혹을 제기한 후 잠시 발길이 뜸했던 이화여대를 다시 찾았다.

현경이는 이 교수의 해명을 듣기 위해 직접 연구실을 찾아갔다. 그런데 이 교수는 건물 밖으로 나와서 캠퍼스 밖까지 나갔다가 다시 학교 건물 지하주차장으로 가더니 차를 타고 떠났다. 정유라가 최순실의 딸이라는 것을 알고 있었는지, 수업에 특혜를 주라고 압력받은 게 있는지 등 모든 질문에 대해 묵묵부답이었다. 이 교수는 들고 있는 스마트폰으로 현경이를 촬영하면서 "업무방해로 신고할 거예요" 하고 거칠게 항의했다. 학교의 언론 공식 창구인 홍보팀도 마찬가지였다. "특혜 의혹은 사실이 아니다"라는 일관된 입장만 고수할 뿐 구체적인 정황에 대해서는 "해당 교수와 연락이 닿지 않아 알려드리기가 어렵다"고만 할 뿐이었다.

의류산업학과 재학생들을 만나야 했다. 자신이 속한 학과에서 일어난 비리 의혹에 대해 재학생들이 과연 얼마나 말해줄 수 있을까. 학생들을 수소문해 문제의 강의를 들은 학생 여러 명과 전화 통화를 할 수 있었다.

"미리 디자인한 걸 여러 번 수정해서 겨우 컨펌 받고 자기 돈 들여 작품 만든 뒤 그걸 중국에 가서 모델한테 입히는 거예요. 무대에 올리고 보고서도 써야 하는 수업이죠. 한 학기 내내 엄청나게 스트레스 받으면서 기초 디자인부터 실제 완성까지 신경 써야 하는데, 아무것도 안 하고 그냥 저희와 똑같이 2학점을 받았잖아요. 특혜가 아니면 뭐라고 설명을 하겠어요."

"혹시 괜찮다면 직접 만나서 이야기를 해주실 수 있을까요?"

학생들은 공정하지 못한 일이 자신들도 모르는 새 일어난 사실에 분노했다. 내밀한 취재를 위해서는 직접 만나야만 했다. 그러나 쉽지 않은 일이었다. 재학생들에게 위험을 감수하고서 내부 고발자가 되어달라고 강요하는 것이나 다름없었다. 내밀한 취재, 그건 내 사정이었다. 그러던 중 K씨를 만났다.

"그러면 학교 근처는 조금 부담스러워서요. 연세대 쪽에 있는 ○○ 카페에서 뵙죠."

K씨는 중국 현지에서 일어난 일까지 분명하고 자세하게 기억하고 있었다. 정유라가 패션쇼 무대에 서길 원치 않자 이 교수가 직접 중국 측 관계자에게 "이 학생은 무대에 서길 부담스러워하니 빼고 진행하자"고 말했다는 것이다. 중국 측 관계자는 "다양한 옷을 선보여야 하니 한 명이라도 빠지면 안 된다"고 반대했지만 이 교수가 계속 이상하리만치 적극적으로 뭉갰다고도 했다. 패션쇼 말고도 미리 계획돼 있던 다른 현지 문화체험 일정은 물론이고, 이동할 때 학생들이 탄 전세버스에서도 정유라를 볼 수가 없었다고 했다. 유일하게 조식을 먹으러 나온 호텔 레스토랑에서 정유라를 목격했는데, 말끔하게 생긴 젊은 남성 두 명과 함께 식사하고 있었다고 전했다. 그들이 경호원이었는지는 확인되지 않았다.

"이렇게 시간 내서 멀리까지 나와주시기도 어려운데 감사합니다."

진부하지만 진심을 담아 감사 인사를 건넸다.

K씨가 답했다.

"바로잡히길 바라는 마음이죠."

정유라의 학사 특혜 의혹에 대한 보도가 이어졌다. 며칠 뒤 이 화여대 캠퍼스에는 풍자 포스터가 나붙었는데, 내용은 이랬다.

비즈니스석 + 보디가드 + 과제 면제 + 실습 면제 = 2학점

풍자로 가득 찬 캠퍼스

국정감사 기간과 맞물려 야당 의원들도 정유라 특혜 의혹을 캐기 시작했다. 그러면서 정유라가 제출한 과제물, 정유라와 교수가 주고받은 이메일이 세상에 드러났다. 그때마다 이를 지켜보는 학생들은 분노를 넘어 허탈감을 드러냈다. 중요한 건 그럼에도 불구하고 그들은 위트를 잃지 않았다는 사실이다.

달그닥 훅, 앗!

전후 사정을 모르면 이해하기 어려운, 그러나 이화여대 관련 뉴스를 챙겨봤다면 바로 웃을 수밖에 없는 문구가 적힌 A4용지가 캠퍼스 곳곳에 다닥다닥 나붙었다. '달그닥 훅'은 정유라가 제출한 출석 대체용 과제물에서 나왔다. '마장마술의 말 조정법'이라는 제목의 이 보고서는 인터넷에서 베낀 듯한 알 수 없는 문장이 유독 많았다. 여러 번 읽어도 무엇을 설명하는 것인지 이해하기 어려운 데가 대부분이었다. 대표적인 것이 바로 이거다.

해도해도 않되는 망할새끼들에게 쓰는 수법. 왠만하면 비추함. (……) 구보는 3절 운동이다. 마음속에 메트로놈 하나놓고 달그닥, 훅 하면 된다.

'달그닥 훅'은 바로 여기서 나온 일종의 항의 구호였다. 이런 엉터리 과제물을 내고도, 한 학기 내내 아르바이트하랴 팀 과제하랴 뛰어다닌 우리와 같은 평가를 받은 게 말이 되느냐는 분명한 목소리였다. 게다가 흰 A4용지에 검은색 궁서체였다. 시쳇말로 '지금 진지하게 궁서체로 말하고 있다'였다.

'앗!'은 마감일을 넘겨 과제를 제출한 정유라의 이메일에 담당 교수가 보낸 답장에서 비롯됐다. 정유라는 정작 보내야 할 과제물 파일을 빼놓고 이메일을 보냈는데, 이에 대해 교수가 응답한 방식이 정유라의 위상과 그에 대한 특혜를 상징하는 한 장면이 됐다.

앗! 첨부가 되지 않았습니다. 다시 보내주시면 감사하겠습니다.

과제물을 늦게 낸, 그마저도 내야 할 과제물 파일을 실수로 첨부하지 않은 학생에게 교수가 할 수 있는 표현이 아닌 건 분명했다. 언론 보도를 통해 이 내용을 접한 학생들은 감정을 마음속에만 묻어두지 않았다. 강의실 출입문에 '앗' 한 글자만 크게 인쇄한 종이를 붙여놓는가 하면, 정유라의 입학 전형을 총괄한 입학처장 교수 연구실 문에는 '앗! 금메달 가져온 학생!'이라는 문구를 크게 붙여놓기도 했다.

유쾌한 항의 방식이었다. 웃음을 동반하면서도 날카롭게 비판할 수 있어야 한다는 풍자의 필수 요소를 잘 갖췄다. 예술 이론에는 문외한이지만, 풍자 팝아트의 좋은 사례로 연구해볼 만한 가치가 있지 않을까 하는 생각도 들었다. 한마디로 지난여름 이화여대 캠퍼스 자체는 거대한 팝아트 전시장 같았다.

용기 있는 사람

다시 이화여대로 매일 출근하는 나날이었다. 만나야 할 교수, 학과 관계자를 찾아다녔지만 이미 몸을 피한 경우가 대다수였다. 정유라 특혜 의혹의 중심에 있는 모 학과 사무실로 갔다. 직원 세 명이 앉아 있었다.

"안녕하세요. 저 JTBC 이가혁 기자라고 합니다. ○○○ 교수님 좀 만나 뵈려고 왔는데요."

그리 넓지 않은 학과 사무실. 내가 들어올 때부터 용건을 말하는 것까지 분명 모두 들렸을 텐데 내가 은행 창구처럼 생긴 긴 책상 바로 앞으로 다가가기 전까지 눈길 한 번 주지 않았다. 직원 중 한 명에게 좀 더 가까이 갔다.

"안녕하세요. JTBC 이가혁 기자라고 합니다. ○○○ 교수님이 계속 전화를 안 받으셔서요. 오늘 수업도 휴강하신 것 같던데 사유가 뭔가요?"

"휴강 사유는 저희가 외부에 말씀드리지는 않고요. 일단 다음에 다시 오셔야겠는데요? 기자분들이 하도 찾아오셔서 단과대 차원에서 취재 응대를 함부로 하지 말라고 공지가 와서요."

예상했던 답변과 거의 일치했다. 애초에 큰 기대도 하지 않았다. 그래도 다른 방에서처럼 학과 사무실 문을 아예 잠그거나 나가라고 떠밀거나 타박하지는 않았다. 조금 더 버텨보기로 했다.

"기자들이 많이 찾아와서 귀찮으시죠? 그런데 그만큼 가볍게 넘길 만한 사안이 아닌 것 같아서요. 학과 재학생들도 상당히 당황하고 열 받아 하고 그러던데요. 이미 보도된 것도 있고 하니 ○○○ 교수님이 정유라 학생에 대해서 미리 전해듣고 특별 관리한 게 맞는지 이런 걸 꼭 좀 파악하고 싶어서요. 부탁드립니다. ○○○ 교수님은 어디서 뵐 수 있을까요?"

역시 눈길 한 번 주지 않았다. 그런데 여전히 내쫓지는 않았다. 한동안 그냥 학과 사무실에 서 있었다. 그러다 들어오기 전 지갑에서 미리 한 장 꺼내놓았던 명함을 내밀었다.

"○○○ 교수님을 어디서 뵐 수 있는지, 보충 강의 공지 같은 거라도 하시면 꼭 좀 연락주세요."

연락을 기대하고 명함을 내민 건 아니었다. 다음번에 또 찾아왔을 때 "지난번에 명함 드린……" 정도로 말이라도 붙일 수 있을까 싶어서였다. 학과 사무실은 굳이 분류하자면 학교나 총장 편일 수밖에 없다고 생각했다.

별 소득 없이 학과 사무실 밖으로 나왔다. 모퉁이를 돌아 건물 우측 끝 엘리베이터 앞에 섰다. 이곳 말고도 만나봐야 할 교수는 많았다. 그때 누군가 조용한 발걸음으로 내 옆에 다가왔다.

"저기요."

눈길 한 번 제대로 주지 않던 그 학과 사무실의 직원이었다.

"안에 다른 분들도 계셔서 제가 제대로 응답을 못 드렸는데 일단 점심 시간이 되면 제가 명함에 있는 번호로 연락드릴게요."

그는 불안한 낯빛으로 나지막하게 이 말만 남기고 급히 모퉁이를 돌아 사라졌다.

예상과는 다른 전개였다. 어찌 보면 학과 사무실 방문은 소득 없이 끝나는 것이 맞는 시나리오였다. 무표정하게 명함을 받아든 직원을 뒤로하고 학과 사무실을 나온 것까지는 예상대로 들어맞았다. 그런데 한결같이 무표정이던 학과 사무실 직원이 내게 몰래 다가와 다른 표정으로 말을 건네고 사라진 것이다.

건물 밖 벤치에 앉아 전화기만 쳐다봤다. 조금 이른 점심을 먹으러 나온 학생들 중에 그 직원이 섞여 나오진 않을까 건물 출입문을 응시한 채 나오는 사람들의 얼굴을 꼼꼼히 살폈다.

한 시간쯤 지나자 전화가 걸려왔다.

"저 아까 그 과사무실 직원인데요. 곧 나갈게요. 그런데 주변에 학과 사람들이 많아서 좀 다른 곳으로 가야 할 것 같아요."

"그러면 학교 밖으로 나가시죠."

그렇게 어색한 동행이 시작됐다. 내가 앞에, 그 직원이 1미터쯤 뒤에 떨어져 걸었다. 우리는 이화여대 캠퍼스 후문 쪽을 향해 걷다가 길 건너 연세대 세브란스병원 장례식장 1층 스타벅스에 자리를 잡았다.

"여기까진 학교 분들이 잘 안 오시겠죠? 게다가 장례식장 근처라서."

긴장한 직원의 얼굴이 조금 풀어졌다. 커피 두 잔, 조각 케이크 따위를 테이블에 두고 나는 감사의 말을 전했다.

학과 사무실에서 일하는 B씨. 그 역시 이화여대 출신이었다. B씨는 플라스틱 파일에 끼워 가지고 온 서류 몇 장을 내게 보여주었다. 정유라가 특혜를 받은 한 강의의 수강신청자 명단이었다. 한 장은 학생들이 정상적으로 수강신청을 한 결과가 나온 명단, 그리고 다른 한 장은 교수가 학과 사무실로 내려 보낸 최종 수강신청자 명단이었다. 교수의 손을 거친 명단은 특이한 게 있었다. 다른 학생들은 모두 이름 순서대로, 즉 가나다순으로 정렬되어 있었는데 맨 마지막 줄에 정유라가 추가돼 있었다.

"마지막에 이름이 있다는 건 수강신청이 마감되고 나서 추가
됐다고 볼 수 있는 거네요?"

"그럴 수도 있어요. 아무튼 처음 취합된 수강신청 명단과 교
수님이 다시 내려 보낸 수강신청 명단의 차이가 정유라 한 명이
니까요."

교수가 정유라 혹은 한국에서 정유라의 학업을 돕는 사람을
따로 접촉해 수강신청을 해준 것으로 볼 수 있는 대목이었다.
만약 그랬다면 그 목적은 무엇이었을지 궁금했다. 해당 강의를
들은 다른 학생 몇 명을 접촉해 알아보니 강의 개설 공지부터
수강신청까지 일반적인 강의와는 다른 방식으로 진행돼 교수의
도움 없이는 정유라가 신청할 방법이 없는 것으로 파악됐다.

이때의 B씨는 다른 취재 현장에서도 종종 생각날 정도로 고
마운 사람이다. 학과 사무실에서 자리를 박차고 일어나 엘리베
이터 앞에 서 있는 낯선 기자에게 다가와준 그 용기는 어떤 것
일지 여러 번 곱씹어 생각해보기도 했다. 나로서는 짐작이 되지
않아 몇 달이 지난 후 B씨에게 전화를 걸어 대놓고 물어보았다.

"그때 며칠 동안 학과 사무실로 기자분들이 엄청나게 많이
찾아왔어요. 그런데 이 기자님은 표정에서 더 간절함이 느껴지
더라고요. 사실 그 수업을 개설한 걸 보면서 찝찝하고 이상했
어요. 제가 구체적으로 뭘 많이 알고 있는 건 아니었지만, 수업

개설 때부터 뭔가 정상적으로 돌아간다는 느낌은 아니었죠. 이 기자님한테 간 거나, 나중에 서류를 가지고 가서 따로 만난 것 모두 계획에 없었던 일이었어요. 어쨌든 제가 정보를 제보하는 입장인데, 정확한 근거를 가져가야 하지 않나 싶었어요. 제가 드릴 수 있는 정확한 근거라는 게 바로 그 서류였고요."

"현직에 있는 입장이라 기자한테 뭔가 말을 한다는 게 부담스럽진 않으셨어요?"

"저는 평생교육 단과대 반대 재학생 집회에는 참석하지 못했어요. 사실 그때까지만 해도 '저렇게 한다고 뭐가 바뀔까? 내가 움직인다고 영향을 줄 수 있을까?' 이런 생각을 했거든요. 그런데 정유라 사태로 일이 더 커지고, 의도치 않았지만 그 큰 이슈에 나름 가까워진 상황이 되니까 뭔가 내가 영향을 줄 수 있을 것 같다는 생각이 들었어요. 그리고 그런 자리에 있으면서도 가만히 있으면 나중에 죄책감이 들 것 같았고요. 물론 나중에라도 위험해지는 건 아닌가 하고 이 기자님 만나고 나서 걱정도 했어요. 다행히 〈뉴스룸〉 보도가 나간 뒤 학교 차원의 다른 조치는 없었고요. 이 사건이 완전히 종료될 때까지는 약간 겁이 날 것 같긴 해요. 그런데 한편 기대도 되고요."

해방 이화

계단 위의 머리 희끗한 노신사와 모자를 뒤집어쓴 학생이 포옹을 했다. 그 옆에선 중년 여성이 "수고했다"며 또 다른 학생의 등을 토닥였다. 계단 아래 앉아 있던 수백 명의 학생들이 눈물을 흘리며 계단 위를 바라보았다. 때로는 무대 위 아이돌 스타에게 환호하듯이 계단 위 교수들을 보며 함성을 보냈다. 모인 사람들은 녹색 머플러를 두르거나 녹색 부채를 들고 서 있었다. 2017년 10월 19일 오후, 이화여대 본관 앞은 모처럼 훈훈한 분위기가 감돌았다.

이날 교수비상대책위원회 소속 교수들은 학생들과 함께 최경희 총장 사퇴를 요구하는 기자회견을 한 후 교내 행진을 벌일 예정이었다. 나도 페이스북으로 현장을 생중계하는 JTBC 〈소셜라이브〉첫 회를 준비 중이었다. 교수들까지 직접 시위에 나서는 것은 보기 드문 일이었기 때문에 취재진이 많이 몰렸다. 오후 2시 11분, 나와 주변에 있던 다른 취재진들의 스마트폰에 문자 메시지 도착음이 울렸다.

이화여자대학교 최경희 총장이 10월 19일(수) 자로 사임을 결정하였음을 알려드립니다. 그리고 최근 체육특기자와 관련하여, 입시와 학사관리에 있어서 특혜가 없었으며 있을 수도 없음을 분명히 말씀드립니다. 별도의 기자회견 및 인터뷰는 없습니다. 양해 바랍니다.

불과 이틀 전까지만 해도 학교 측은 총장이 사퇴할 이유가 없다고 밝혔다. 교수들까지 나선 총장 사퇴 요구 집회가 열리기 불과 한 시간 전에 전격적으로 나온 발표였다. 소식을 듣고 학생들이 본관 앞으로 몰려들었다. 입학식에서나 볼 법한 설레는 표정이 눌러쓴 모자와 선글라스 틈으로도 충분히 느껴졌다. 84일째 본관 점거농성을 벌여온 학생들도 잠시 문을 열고 밖으로 나왔다. 순식간에 본관 앞 도로와 인도는 발 디딜 틈 없이 사람으로 가득 찼다.

"저희 취재진도 사퇴 발표가 나고 바로 이곳 본관으로 와봤더니 점거농성을 하던 학생 일부가 분주하게 움직이면서 서로 끌어안고 눈물을 흘리는 모습을 볼 수가 있었습니다. 또 원래 사퇴 촉구 기자회견을 준비하던 교수들도 상당히 벅찬 표정을 짓는 것을 볼 수가 있었습니다. 그런데 오늘 최경희 총장의 사임으로 이 사태가 끝날 것인가를 판단하기에는 아직 섣부르다는 분석이 벌써부터 나옵니다."

- 2016년 10월 19일, JTBC 〈소셜라이브 - 이화여대 교수, 학생 집회 현장〉

캠퍼스를 한 바퀴 도는 행진이 이어졌다. 원래 교수들은 학생들이 강의를 듣는 시간대임을 감안해 침묵 행진을 벌이겠다고 예고했다. 하지만 이는 지켜지지 않았다. 교수들의 대열을 뒤따르던 학생들은 한껏 "해방 이화" 구호를 외쳤다. 그 외침에서 뭉클함과 성취감이 배어 나왔다.

가혁벗이라는 별명

"이대 재학생들이 너보고 가혁벗이래."

잠시 동안 듣기 좋은 별명을 얻었다. 이화여대 온라인 커뮤니티에서 내가 '가혁벗'이라고 불린다는 이야기를 이대 출신 회사 선배에게 전해 들었다. 벗. 사전적 의미는 '비슷한 또래로서 서로 친하게 사귀는 사람'. 잘은 모르지만 아무튼 좋은 의미의 별명임에는 틀림없어 보였다. 설마 'but(그러나)'은 아니겠지. 다른 이대 출신 후배를 붙잡고 뜻을 물어봤다. 꼭 집회 현장에서만 쓰는 용어가 아니라 평소에도 학우, 친구 또는 그 정도로 친숙한 학교 주변인물 정도의 뜻으로 자주 쓴다고 했다. 한동안 이화여대로 출근하다시피 하고, 다른 방송사와는 달리 현장 중계를 많이 하다보니 붙여진 것 같았다. 방송 매체라는 특성 덕분이기도 했다. '이화여대 사태'를 취재하기 위해 많은 기자들이 학교에 있었지만 온라인이나 지면 보도에 비해 방송기자는 더 노출될 수밖에 없었다.

얼마 전 취재 경험담을 들려달라는 부탁을 받고 이 학교 언론 관련 수업 특강을 하러 오랜만에 캠퍼스를 다시 찾아갔다. '1년 전 오늘' 기록을 보니, 학교 측이 출입 기자들에게 "정유라에 대한 특혜는 사실이 아니다"라고 해명 자료를 낸 날이었다. 딱 그 일주일 뒤 총장은 사퇴했다. 강의실을 찾아가다보니 총장의 악수를 거부했던 학생의 졸업식이 열린 대강당이 보였다. 학생들이 점거했던 본관 건물도 보였는데, 분주하게 사람들이 오갈 뿐 그날의 흔적을 찾기는 어려웠다. 캠퍼스를 가득 채웠던 스마트폰 불빛, 졸업식에서의 당돌함, 눈물 흘리며 흔들었던 녹색 부채, 나뭇가지에 걸어뒀던 쪽지⋯⋯. 학생들은 그 많은 이야기를 다 어떻게 기억하고 담아놓고 있을지 궁금했다.

학교가 자신들의 의견을 묻지 않고 일방통행을 하고 있을 때, 학생들은 용기를 내어 움직였다. 그러다 최순실·정유라 모녀가 등장했고, 한때 존경했던 몇몇 스승의 어두운 참모습을 봤다. 학생들은 성실하게 수업에 참여한 결과가 바로 이거냐며 울분을 토했다. 정의, 공정이라는 걸 책으로만 접하다가 비로소 몸으로 느꼈을 것이다. 그래서 옆 사람과 함께 손을 맞잡았고 불안하기도 했지만 힘을 모아봤다. 단순히 그 힘을 한두 차례 폭발시키고 그친 것이 아니라 여름에서 겨울로 계절이 바뀌는 동안 지속적으로 이어갔다. 그 어느 때보다 '청년'이라는 단어가 서글프게 들리는 요즘, 이 또래 학생들이 '될까'라는 의구심을 '되는구나'라는 확신으로 바꾸는 경험을 하기가 점점 어려워진다. 그런데 이들은 해냈다. 감히 대견하게 느껴지면서 한편으론 부러웠다.

이화여대 ECC 건물 외벽에 붙은 항의 문구. 진지한 궁서체 아래 작은 글씨로 "분노했다면, 그대 본관으로 오라"는 문구가 인상적이다. 학생들은 학교 본관에 경찰이 투입될 당시의 상황을 상세하게 적어 대자보로 붙이기도 했다. 외국인 관광객 또는 유학생에게도 이를 알리기 위해 외국어로도 제작했다. 오른쪽에 보이는 일본어 대자보도 그중 하나다. (2016년 10월 14일)

본관 앞으로 점차 모이는 학생들. 당초 이날 오후 3시 이화여대 교수비상대책위원회 소속 교수들은 본관 앞에 모여 최경희 총장 사퇴를 요구하는 기자회견을 할 예정이었다. 기자회견이 한 시간도 채 남지 않았을 때 학교는 출입기자단에 문자 메시지를 보내 최 총장의 사임 결정을 알렸다. 이 소식이 알려지자 학생들이 본관으로 모이기 시작했다. 비대위 교수들과 학생들은 서로를 격려하며 캠퍼스를 행진했다. 학생들이 들고 있는 부채 앞면에는 '총장 사퇴', 뒷면에는 '해방 이화'가 적혀 있다. (2016년 10월 19일)

3장

소중한 것들 잊지 않도록

진도 팽목항 – 목포신항

현장 기자의 말을 잊게 만든 학생들

세월호 침몰 엿새째, 안산의 한 장례식장.

오후 5시쯤입니다. 단원고등학교 교복은 아닌 것으로 보아, 중학교 동창이거나 아니면 그보다 더 오랜 친구 사이였을 겁니다.

그 나이 또래의 친구들에게 장례식장은 익숙지 않은 곳일 겁니다. 그럼에도 친구를 만나기 위해 학교 수업이 끝나자마자 용기 내어 온 것이겠지요. 빼빼 마른 남학생과 큰 뿔테 안경을 쓴 바가지 머리의 남학생이었습니다.

둘은 장례식장 로비에 들어서자마자 빈소 현황이 나오는 스크린을 말없이 쳐다보았습니다. 한참을 서 있던 한 친구가 다른 친구에게 건넨 한마디는 지난 엿새간의 취재 중 들었던 그 어떤 말보다도 마음을 아리게 했습니다.

"2층부터 갈래, 3층부터 갈래?"

3층짜리 장례식장에는 작별 인사를 건네야 할 친구들이 한 두 명이 아니었던 겁니다.

온 나라가 울고 있습니다. 취재하는 기자들도 다를 바 없습니다. 하지만 이 큰 슬픔 이후에 벌어질 상황을 생각하면 벌써부터 화가 납니다.

합동수사본부가 배를 몰았던 사람들의 책임을 따지고 있습니다. 몇 시에 누가 무슨 짓을 했는지. 배를 몰기만 했지, 승객을 책임지지 않고 해야 할 일들을 다하지 않은 것에 대한 대가를 치르게 될 것입니다.

다른 전문가들은 배의 구조적 문제점을, 또 다른 전문가들은 매뉴얼을 따지고 있습니다.

참 중요한 일들입니다. 분명히 짚고 넘어가야 이런 일이 다시 반복되는 것을 막을 수 있겠지요. 하지만 이렇게 따지고 분석했던 게 이번이 처음은 아닙니다. 대형사고가 날 때마다 우리는 매번 따지고 분석했고, 있던 제도를 고치고 없던 규칙을 또 만들었습니다. 그래서 더 화가 납니다.

언제가 될지는 모르지만, 이번 사태도 제도를 고치고 없던 규칙을 몇 가지 또 만들면서 마무리가 될 것입니다. 그 규칙을 설명하는 책자 수만 부가 전국 각지로 배포되겠지요. 언론 보도자료도 대대적으로 뿌려질 테고요. 이 사태는 "다시는 이런 일이 없도록 하겠다"며 고개 숙이는 국정 책임자의 사진으로 마무리될지도 모릅니다. 지난 십수 년간 보아온 그런 수순으로 끝날까봐, 벌써부터 또 소름이 끼칩니다.

그래서 지금의 슬픔을 우리는 머리와 가슴에, 아프지만 깊이 심어놓아야 합니다. 쭈뼛거리며 장례식장에 찾아와 한숨지어야 했던 바가지 머리 '고딩'들을 기억해야 합니다. 구명조끼를 다 입고서도, 너무 착해서 안내방송의 지시만 그대로 따랐던 우리 아이들을 영원히 기억해야 합니다.

——— 2014년 4월 21일 경기도 안산에 있는 한 장례식장을 취재하다 쓴 글이다. 다음 날 이 글은 JTBC 뉴스 웹사이트 〈취재수첩〉 코너에 게재되었다. '이 사태가 마무리되는 모습'이 어떨지 상상했지만, 3년이 지난 지금도 '마무리'라는 단어를 입에 담기에 적절치 않은 상황이다. 당시 국정 책임자는 참사 발생 한 달 뒤 대국민담화를 통해 '고심 끝에 해경 해체'라는 카드를 꺼냈고 눈물로 담화를 끝냈다.

한국형 참사

"집에 있을 때보다 더 꼬박꼬박 세끼 잘 챙겨 먹고 있는 거 알잖아요."

지난 1일 장례를 치르고 안산에서 다시 진도를 찾은 '희생자 가족'들이 위로를 건네자 '실종자 가족'들은 오히려 "괜찮다"며 이렇게 말했습니다.

내 아이의 시신을 먼저 찾았다는 이유로 위로를 건넬 수 있는 이곳은 5월의 진도 팽목항입니다.

그렇다고 이곳이 거대한 슬픔의 공간인 것만은 아닙니다. 항구를 따라 수백 미터 늘어선 자원봉사자들의 천막은 언뜻 동네 장터를 떠올리게도 합니다.

즐거웠던 때가 떠오르는 듯 스마트폰을 만지작거리며 미소 짓거나 평온하게 대화를 나누는 실종자 가족들도 종종 보입니다.

사고 발생 23일.

한 달 가까운 이 시간은, 팽목항이 원래 이런 곳이었던 것처럼 우리들을 적응시키고 있습니다.

하지만 실종자 가족들에게 이 익숙함은 곧 두려움입니다.

지난달 30일, 팽목항을 다시 찾은 정홍원 국무총리에게 목이 다 쉰 실종자 가족 한 명이 말했습니다.

"맨 마지막까지 총리님도 자리를 지켜주세요. 언론의 관심도 떨어질 텐데, 그래도 남은 가족들이랑 자리를 지켜주세요."

실종자 가족들을 괴롭히는 것은 지금 이 고통이 언제 끝날지조차 모른다는 공포, 누군가는 마지막 '실종자 가족'이 될지도 모른다는 공포였던 것입니다.

그럼에도 이곳에선 슬픔과 공포를 어루만지는 손길이 끊이질 않습니다. 희생자의 극락왕생을 빌고 실종자의 무사귀환을 기원하는 석가탄신일 밤의 연등 날리기 행사도 그중 하나입니다. 바닷속에 있는 실종자의 수보다도 더 많은 불빛이 밤하늘의 별처럼 환하게 빛났습니다.

"얼른 나와. 추운 데서 뭐 해. 엄마 말 안 들을래."

그 불빛 하나하나가 내 아이인 양 가족들은 지난 스무 날을 거치며 익숙해졌다고 생각했던, 겨우 포개어놓았던 슬픔을 밤 바다에 다시 소리쳐 내뱉었습니다.

후진국형 참사. 이번 사고를 이렇게 부릅니다.

이 말은 우리에게 묘한 착각을 불러일으킵니다. 마치 '우리처럼 잘사는 나라에선 일어나지 않을 사고인데 이례적으로 일어났다'라는 착각 말입니다.

'있을 수 없는 일'이라고 착각했던 일이 눈앞에서 반복되고 있습니다. 이쯤 되면 '후진국형 참사'가 아니라 '한국형 참사'가 아닐까요.

언제일지는 모르지만 천막이 하나둘 걷히고 팽목항은 또 예전의 모습을 되찾게 되겠지요.

그때가 되면, 우리는 또 착각에 빠질지도 모릅니다.

그래서 잊지 말자는 겁니다.

슬픔과 위로를 강요하는 게 아니라, 이 슬픔과 위로를 어떻게 보관할지 정도는, 그래서 또 착각에 빠지지 않을 방법 정도는 함께 고민하자는 겁니다.

──── 2014년 5월 8일 진도 팽목항에서 취재하며 쓴 글이다. 역시 JTBC 뉴스 웹사이트 〈취재수첩〉에 '진도 팽목항의 5월'이

라는 제목으로 게재되었다. 이때까지는 '실종자'라는 용어가 쓰였다. 1년 후 가족들의 요청으로 정부는 실종자 대신 '미수습자'라는 표현을 공식 용어로 쓰기 시작했다. 종적조차 알 수 없는 상태를 뜻하는 '실종'이 아니라, 배 안에 있다는 것을 알고 있지만 아직 수습하지 못한 상태라는 뜻을 강조하기 위한 것이었다. 모두 다 가족 품으로 돌아오기 전까지는 수색을 포기해서는 안 된다는 것을 강조하는 의미도 담겨 있다. 이 글에서 언급한 '마지막 남은 자가 될지도 모른다는 공포'는 3년 동안 팽목항을 휘감았고, 배가 뭍으로 올라온 후 목포신항으로 이어졌다.

팽목항에서의 세 번째 겨울

2016년 12월, JTBC 〈뉴스룸〉의 코너 중 〈밀착카메라〉 몇 회분을 내가 맡았다. 전담 기자가 휴가를 가거나 하면 가끔 이렇게 땜빵으로 들어간다. 〈밀착카메라〉는 아이템 선정이 전체 공정의 절반 정도로 느껴질 만큼 결정적이다. 기자와 작가가 신문과 인터넷을 살피고 전화를 돌리며 정신없이 아이템을 찾는데, 어설프게 정했다간 영상촬영팀과 함께 애써 찾아간 현장에서 발길을 돌려야 하는 경우도 종종 생기기 때문이다.

이번에는 오래 걸리지 않았다. 진도 팽목항에 가야겠다고 생각했다. 매주 토요일 광화문광장에서 촛불집회 중계를 하면서, 마음 한편으로는 늘 팽목항이 떠올랐다. 광화문광장의 화려함과는 달리 팽목항은 쓸쓸할 게 틀림없었다. 모두가 광화문광장으로 힘을 모을 때 팽목항은 아무런 온기도 느껴지지 않을 것만 같았다.

2016년 12월 6일, 하필 풍랑주의보가 발효될 만큼 바람이 세찼다. 부둣가에 일렬로 걸려 있는 노란 깃발은 3년 동안 닳고 닳아 바싹 늙었다. 영상취재를 맡은 김상현 기자가 헬리캠까지 챙겨왔지만 제대로 띄울 수 있을지 장담하기 어려웠다.

거센 바람에도 그나마 다행인 것은 팽목항을 찾는 사람들이 촛불 국면 이후 조금씩 늘었다는 점이었다. 촛불을 든 광장의 사람들 역시 세월호를 떠올리고 있었던 것이다. 정장을 입은 한 사내는 홀로 팽목항 등대까지 걸어갔다가 부두 한곳에 있는 컨테이너 분향소로 들어갔다. 분향소는 3년 전 물속에서 나온 시신을 뭍으로 올리던 바로 그 지점에 있었다. 방명록에 글을 쓰고 홀로 훌쩍이다 돌아가려는 그를 붙잡고 말을 걸었다. 자신은 영업사원인데, 업무 때문에 목포에 왔다가 세월호 생각이 나서 차를 몰고 팽목항에 왔다고 했다. 일하는 도중에 회사 몰래 들른 것이라 인터뷰에 응하지 못해 미안하다고 했다.

경기도 광주시에서 남편과 차를 몰고 왔다는 중년 여성은 등대 앞 리본 조형물에서 한참 동안 눈을 떼지 못했다. 그는 팔에 차고 있던 묵주를 리본에 걸었다.

"어머니 유품이에요. 제게 소중한 거지만 이렇게 걸어놓으면

제 마음이 전달될 것만 같거든요."

빨리 영상도 찍고 인터뷰도 따야 하는데 눈이 떨렸다. 3년 전에는 오히려 담담했는데 말이다.

"아이씨, 딸 낳고 나니까 아빠 입장이 돼서 그런가. 왜 이렇게 눈물이 안 멈추냐."

입사 동기인 김상현 기자에게 괜히 거칠게 말을 걸었다. 상현이도 눈에 눈물이 그렁그렁한 건 마찬가지였다. 일부러 더 쓸쓸하고 적막하게 보이려고 특수효과라도 쓴 듯 바람은 계속 거세게 몰아쳤다. 그 바람을 그대로 맞아서일까. 팽목항 컨테이너 거처에서 만난 다윤 엄마, 은화 엄마의 얼굴은 핏기가 없어 보였다. 다윤이 엄마, 아빠가 생활하는 컨테이너에 들어갔다. 다윤 엄마는 벽에 붙여놓은 노란 리본을 가리켰다.

"이게 아마 학생들이 단체로 와서 저기 울타리에 걸어놓은 리본일 거예요. 어두컴컴한 새벽에 화장실을 가려고 문을 열고 나왔는데 바닥에 뭔가 있더라고. 그때도 오늘처럼 바람이 엄청나게 세게 불었어요. 그런데 이 노란 리본이 땅에 떨어져 있는 거예요. 그래서 집어 올려봤더니 '다윤아, 보고 싶다'라는 문구가 이렇게 쓰여 있더라고. 어떻게 이 문 앞에 다윤이 이름이 적힌 리본이 딱 와 있냐고……."

누군가 저 멀리 걸어놓은, 다윤이 이름 적힌 리본이 엄마 앞으로 찾아왔다. 딸이 찾아온 거라고, 엄마는 그렇게 믿었다. 핏기 없던 엄마의 얼굴은 그때만큼은 그날 본 얼굴 중 가장 생글했다.

다윤 아빠를 바닷가로 모시고 나왔다. 굳이 바다를 배경으로 인터뷰를 좀 부탁드렸다.

"인양이 왜 필요하냐고 묻는 사람들에게는 어떤 말씀을 해주고 싶으세요?"

"인양이 왜 필요……."

다윤 아빠에게는 굳이 답을 생각해볼 필요가 없었던 질문이었을 것이다. 잠시 뜸을 들이던 다윤 아빠가 다시 말을 이어갔다.

"저희들은 인양을 해야 가족을 찾기 때문입니다. 인양을 안 하면 가족을 못 찾는 거잖아요. 진상 규명을 하려면 세월호 배 없이는 못하는 거잖아요."

그는 눈물을 보이거나 흥분하지 않았다. 오히려 카메라 렌즈 바로 뒤에 선 내가 울컥했지만 철저히 리포트 제작에 필요한 인터뷰 그 이상도 이하도 아닌 척 기계적으로 인터뷰를 마무리했다.

다윤 아빠는 스스로 무너지지 않으려고 자신을 붙들고 있었다. 딸을 찾지 못한 아버지의 본능일까. 오히려 온화해 보이기까지 한 그의 표정이 더 안쓰럽게 느껴졌다.

"이곳에서 불과 30킬로미터 떨어진 곳이 바로 세월호 참사 발생

지점입니다. 그리고 그 차가운 바닷속엔 아직 아홉 명이 남아 있습니다. 세월호가 온전히 인양돼 더 이상 미수습자 가족이 아닌 유가족이 되는 것, 이게 바로 이곳 팽목항에서 세 번째 겨울을 맞이하게 된 가족들의 서글프고 작은 소망입니다."

-2016년 12월 7일, JTBC 〈뉴스룸〉

팽목항을 다녀가고 108일 후, 세월호는 마침내 수면 위로 모습을 드러냈다.

거대한 고철 덩어리

KTX 호남선의 종착지인 목포역에 다다랐다. 이미 대전, 광주를 지나면서 사람들이 대부분 내려 객실은 텅 비어 있었다. 맨 앞쪽 좌석에서 일어나 기지개를 켜고 배낭을 챙기는 한 승객. 배낭 앞주머니에 노란 리본이 달려 있는 걸 보니 저 사람과 내 목적지가 같은 곳일지도 모른다고 잠시 생각했다.

목포역 광장에는 세월호 희생자를 추모하는 노란 현수막 몇 개가 걸려 있었다. 택시 승강장에는 타려는 사람보다 택시가 더 많이 늘어서 있었다.

"기사님, 목포대교 건너서 목포신항으로 좀 가주세요."

"세월호 때문에 왔어요? 거기는 원래 시외요금 받는데……. 거기는 영암군이나 다름없거든요. 사람도 없어서 돌아올 때 빈

차로 와야 해서요. 근데 세월호 오고 나서 외지 손님이 많아지니까 목포시청에서 미터기대로 받으라고 해요. 기사들은 좀 손해 아닌 손해죠."

김대중 대통령의 모교임을 알리는 기념석이 세워진 북교초등학교를 지나 꼬불꼬불 구도심을 빠져나오니 어느덧 횟집이 몰려 있는 북항사거리에 도착했다. 여기서 좌측으로 꺾어 좀 더 가자 제법 웅장한 다리가 나왔다. 세계에서 두 번째, 한국에서는 첫 번째로 '삼면배치(3-way) 케이블 공법'이 적용됐다는 그 유명한 목포대교였다. 다리 상판에 탄탄하게 깔린 아스팔트 도로로 택시가 올라섰다. 대교 위에서 고개를 왼쪽으로 돌리자 나지막하지만 군데군데 바위가 보석처럼 박힌 산이 눈에 들어왔다. 유달산이었다. 해마다 4월이면 봄꽃 가득한 유달산에서 '유달산 축제'가 열리지만 올해는 세월호 애도를 위해 축제가 취소됐다. 하지만 축제 없이도 꽃은 흐드러지게 피었다. 돌과 꽃으로 둘러싸인 산 아래로 바로 바다와 맞닿은 곳에 목포해양대학교가 보였다.

고개를 오른쪽으로 돌리니 율도, 장좌도, 달리도 같은 크고 작은 섬이 바다에 떠 있는 게 보였다. 손으로 흩뿌린 공깃돌같이 아무렇게나 떠 있는 그 섬들 사이로 크고 작은 배가 오가는 장면은 해외 유명 미항도시 못지않았다. 화창한 대낮에는 파란 바다의 시원한 맛이, 해가 뉘엿뉘엿 넘어가는 늦은 오후에는 황금으로 변한 물결의 신비로운 맛이 느껴지는 괜찮은 명소다. 목포에 있었던 83일 동안 수십 번은 오갔을 이 다리는 택시가 너무 빨리 건너는 게 아쉬울 정도로 늘 아름다운 풍경이다.

다리 양쪽으로 바다보다 수풀이 더 많이 보이기 시작할 무렵, 오른쪽 저 멀리 허연 바닥 위에 누워 있는 세월호가 눈에 들어왔다. 좀 전의 아름다운 풍광을 뒤로하고 목포에 온 이유를 다시 일깨워주는 광경이었다. 멀리 보이는 세월호, 또는 세월호처럼 보이는 그 거대한 고철 덩어리는 슬픔보다는 놀라움 또는 답답함 같은 것을 불러일으켰다. 택시 안에 있는 나만 그런 건 아닌 모양이었다. 우리 차를 훨씬 앞질러 달리던 차들도 세월호가 시야에 들어오는 그 구간을 지날 때면 브레이크 등에 빨간 불을 켜며 속도를 늦추곤 했다. 아예 비상등을 켠 채 도롯가에 차를 대고 한참 동안 배를 바라보는 사람도 적지 않았다.

다리를 완전히 빠져나와 1분만 더 달리면 목포신항 진입로였다. 여기서부터는 차가 들어갈 수 없었다. 차에서 내려 몇 개의 바리케이드를 지나면서 이미 세월호를 보고 걸어나오는 사람들과 마주쳤다. 눈물을 흘리는 사람, 셀카봉을 들고 아무렇지 않게 웃는 사람 등등. 그리고 일반인이 세월호를 가장 가까이 볼 수 있는 북문 철조망에 닿았다. 비로소 세월호 곳곳에 난 녹슨 상처가 눈에 들어왔다.

소중한 것들 잊지 않도록

친절한 명봉 씨

그를 처음 만난 건, 〈밀착카메라〉 촬영 때문에 찾은 2016년 12월 팽목항에서였다. 가족들이 기거하는 허름한 컨테이너 내부 취재를 마치고, 마지막으로 주방 겸 식당 컨테이너 안으로 들어갔다. 보름달처럼 환한 얼굴에 뿔테 안경, 볼록 튀어나온 아랫배, 한겨울인데도 반팔 차림에 슬리퍼를 신고 주방에서 일하는 남자. 그는 자신을 "그냥 밥해주러 온 백수"라고 소개하며 웃었다. 나는 인터뷰를 부탁했다.

"아, 저 JTBC에 나오면 혼나는데. 저 여기 오는 거 알면 대구에 계신 부모님 쓰러지세요."

그 역시 진한 대구 사투리로 한사코 인터뷰를 거절했다. 부모님까지 들먹이며 짓궂게 또 겸손하게 인터뷰 요청을 거절했지만, 이번엔 미수습자 가족들이 나를 거들었다.

"에휴, 인터뷰 한번 해드려."

중국에서 사업을 하는 김명봉 씨는 한국에 들어올 때마다 시간을 내 팽목항에 들른다고 했다. 온라인 커뮤니티에서 뜻을 같이하는 사람들이 십시일반 돈을 모아 김치나 고기 같은 식재료를 사서 팽목항 냉장고를 채운다고 했다. 그러면서 한사코 "시간이 남아돌아서, 백수라서 오는 것"이라고 강조했다.

그를 다시 만난 건 2017년 4월 초 목포신항에서였다. 세월호가 막 목포신항 부두에 얹힌 뒤였다.

"오, 안녕하세요. 여기서 또 뵙네요."

"그러게요. 엄마, 아빠들 있으니까 와야죠."

보름달처럼 환한 얼굴이 그대로였다. 일반인이 접근할 수 있는 목포신항 항만 바깥 구역에는 취사 시설이 없었다. 명봉 씨는 하염없이 배만 바라보는 미수습자 가족들을 가끔 차로 데리고 나가 저녁을 대접하고 돌아오기도 했다.

그 이후로도 명봉 씨는 수시로 찾아왔다. 어떤 날은 중국에서 귀국하자마자, 또 어떤 날은 출국하기 직전에, 또 어떤 날은 온라인 커뮤니티 회원들이랑 함께 왔다고 했다. 어떤 날은 미수습자 엄마, 아빠들 다 함께, 또 어떤 날은 아빠들만 모시고 농담을 주고받으며 식사를 했다. 목포신항 미수습자 컨테이너에 고여 있는 퀴퀴한 공기를 휘휘 저어주었다.

소중한 것들 잊지 않도록

"기자님, 나중에 취재 다 마치면 중국 여행 한번 오세요. 제가 인터넷보다 더 싸게 호텔 잡아드릴 수 있어요."

내게도 늘 웃으면서 이런저런 도움을 많이 주었다.

그를 오랜만에 다시 만났다. 다윤이와 은화가 마지막 작별을 하기 위해 서울대학교병원 장례식장을 떠나던 2017년 9월 25일 아침이었다. 명봉 씨는 어김없이 분주하게 일처리를 돕고 있었다.

"오, 안녕하세요. 여기서 또 뵙네요."

"오셨어요? 지금 밑에 내려가시면 어머님들 계세요."

바쁜 인사를 건넨 그의 얼굴에는 팽목항에서 처음 만났을 때처럼 땀방울이 송골송골 맺혀 있었다. 그는 어김없이 장례식장 이곳저곳 돌아다니면서 운구할 사람들을 돕고, 장지에서 사람들이 먹을 점심 식사를 챙겼다.

대선

목포신항에 있는 동안 매일매일 '3년 전 오늘'을 되새겼다. 그곳은 2017년 5월임에도 2014년 5월의 기억이 지배하고 있는 공간이었다. 어떤 '3년 전 오늘'은 몇 반 누구 엄마의 아들이 발견된 날이었다. 또 다른 '3년 전 오늘'은 지금은 얼굴이 완전히 갈색으로 변했지만, 그때만 해도 거리로 나서는 게 익숙지 않았던 몇 반 누구 아빠가 삭발을 하고 삼보일배를 시작한 날이었다.

2017년 5월 9일, 19대 대통령 선거일이 밝았다. 3년 전 뉴스를 찾아보니 청와대 대변인이 청와대 앞까지 항의 방문한 세월호 유가족을 향해 "순수 유가족과 만날 것"이라는 표현을 써서 물의를 일으킨 날이었다. 희생 학생의 어머니 한 명이 아이

소중한 것들 잊지 않도록

의 장례를 마치고 스스로 목숨을 끊으려다 가족에게 발견돼 병원으로 옮겨진 날이기도 했다. 교복을 입은 학생 2천여 명이 촛불을 들고 안산 문화광장에 모여 희생 학생들을 추모한 날이자, 한 공영방송 보도 책임자가 기자회견을 열어 "사장이 정권 편을 들며 보도 통제를 했다"고 폭로한 날이기도 했다. 이처럼 뉴스가 쏟아지던 '3년 전 오늘'을 뒤로하고 새 대통령을 뽑는 날 아침이 밝았다.

유독 더 고요했다. 휴일이면 점심 시간 전후로 목포신항에 들르는 방문객들이 적게 잡아도 100여 명은 됐는데, 이날은 30명도 채 안 되는 것 같았다. 나를 비롯해 함께 취재하는 이상엽 기자와 연지환 기자는 물론이고, 목포신항을 지키는 가족들도 사전투표를 마친 터라 특별한 일정이 없었다. 선체 내부 수색작업도 처음으로 이날 하루 멈췄다. 작업자들도 투표를 하고 휴식을 취할 수 있게 하자는 취지였다.

며칠 전 보도국에서 개표 방송 때 목포신항 현장 생중계를 비중 있게 다룰 거라는 계획을 통보받은 상태였다. 그래서 오후엔 카메라 동선을 체크하고 중계 원고를 작성했다. 철제 담벼락 너머에 있는 세월호를 배경으로 시작해, 미수습자 가족 컨테이너에서 첫 번째 인터뷰를 하고, 부두를 걸으며 곳곳을 소개한 후 유가족 컨테이너에서 두 번째 인터뷰, 그런 다음 다시 나와 마무리하기로 했다. 미수습자 가족, 유가족 모두 "다른

데 취재하는 것도 바쁠 텐데 목포신항까지 뭣하러 해"라면서도 "그래도 오늘도 잊지 않고 다뤄줘서 고맙다"고 했다.

투표 마감을 한 시간 남긴 오후 7시쯤, 서울 광화문광장 한 복판에 마련된 특별 스튜디오를 비추던 화면이 350킬로미터나 떨어져 있는 목포신항으로 넘어왔다.

손석희 앵커 이가혁 기자, 지금 목포신항에서 아홉 명의 미수습자를 기다리는 가족들이 저희 뉴스를 보고 계시다고 들었습니다. 그분들에게는 특히 이번 대선의 의미가 남다를 것 같은데요. 현재 목포신항 분위기부터 전해주시죠.

이가혁 기자 저는 세월호가 보이는 목포신항 철제 담장 앞에 나와 있습니다. 이곳에는 이렇게 아직 가족 품으로 돌아오지 못한 아홉 명의 미수습자들 얼굴 사진이 배 모양의 조형물 안에 담겨 있습니다. 오늘은 방문객도 많지 않고, 떠들썩했던 인양 초기와는 달리 취재진도 점점 줄어들고 있어 상당한 적막감이 느껴질 정도입니다. 매일 이곳을 지키고 있는 미수습자 가족들은 "국정 운영 책임자가 얼마나 중요한지, 그리고 유권자의 한 표 한 표가 얼마나 소중한지 누구보다 절실히 느낀 사람들이 바로 자신들" 이라고 했습니다.

－2017년 5월 9일, JTBC 〈2017 특집 뉴스룸 － 우리의 선택, 국민이 바꾼다〉

소중한 것들 잊지 않도록

손석희 앵커와 목포신항 철제 담장 밖 컨테이너 방 안에 있는 은화 엄마 이금희 씨가 연결됐다. 몇 가지 질문과 답변이 오갔다.

손석희 앵커 누가 당선될지는 아직 모르지만, 제19대 대통령에게 바라는 점이 있으시다면요?

은화 엄마 사실은 은화가 수학여행에서 돌아왔으면, 지금 엄마 손을 붙잡고 투표를 했을 것 같아요. 근데 저희는 참사 소식을 듣고 진도로 내려간 지 3년이 넘게 딸아이와, 아홉 명의 가족을 찾고 싶어서 지금도 기다리고 있는 미수습자 가족입니다. 대한민국 역사상 미수습자라는 표현이 처음으로 쓰였는데요. 저희가 원하는 것은 딱 하나입니다. 가족을 다 찾아서 집으로 보내달라는 거. 그리고 많은 대선 후보님들이 미수습자 수습이 최우선이라고 말씀하셨습니다. 세월호 참사를 아파했던 많은 국민들. 지금도 세월호를 잊지 않고 기억하고 함께하는 많은 국민들. 어느 분이 될지는 모르지만, 그 공약을 지켜주셔서 미수습자 가족을 유가족이 되게 해주세요. 국민의 생명을 최우선으로 여기는 대통령이 되셔서 국민한테 믿음도 주고 신뢰가 되는 그런 대통령이 되었으면 좋겠다, 라는 생각을 합니다.

−2017년 5월 9일, JTBC 〈2017 특집 뉴스룸 − 우리의 선택, 국민이 바꾼다〉

10분 정도 이어진 목포신항 현장 연결이 끝났다. 카메라 조명이 꺼지고 순식간에 부두 전체에 푸르스름한 어둠과 고요가 깔렸다. 다시 19대 대통령 선거일이 아닌 세월호 1,120일째로 돌아왔다.

모텔방으로 들어와 저녁을 먹었다. TV에선 화려한 그래픽이 날아다녔고, 숫자가 쉴 새 없이 오르내렸다. 목포신항에 남은 가족들은 늘 그랬듯 컨테이너에서 잠을 잤다. 그리고 바로 다음 날 아침, 세월호 인양 후 처음으로 배 안에서 사람 손등뼈와 팔뚝뼈가 발견됐다.

대선 개표방송 때 광화문 특별 스튜디오에 출연자로 자리한 유시민 작가에게 손석희 앵커가 "세월호 참사를 어떻게 받아들이고 있느냐?"고 질문했다. 그 답은 이랬다.

"제 자식은 아니었잖아요. 그리고 아는 사람이 한 명도 없어요, 그 가족들 중에. 근데 왜 이렇지? 이렇게 많은 분들이 그랬을 텐데. 밥 먹다 말고 밥을 더 이상 못 먹게 되는 상황도 겪었을 것이고요, 밤에 자려고 누웠는데 갑자기 속에서 확 치밀어 오르는 감정도 느끼셨을 거예요. 이게 나하고 관계없는 사람들의 일이고, 사고는 늘 있는데 이번엔 왜 이렇지? 그게 무엇 때문인지를 두고두고 많은 분들이 생각하셨던 것 같고요. 저는 이 세월호 참사는, 우리 역사상 이렇게 자기와 무관한 어떤 사람의 비극에 대해서 사람들이 깊게 정서적인 공감을 느꼈던 사건이 근 수십 년간 없었던 것 같아요. 그리고 단순히 벌어진 사건이 아니고 무언가 국가기구가 잘못 작동해서 저 참사가 빚어졌고, 그 과정에 내 책임이 없나? 논리적으로는 모르겠지만 순간적으로, 직관적으로 그런 느낌이 왔지 않나. 그런 생각 때문에 그런 아픈 공감을 해본 이후와 해보기 전과는 우리들 모두가 조금씩은 달라진 것 아닌가. 그래서 아마 세월호 세대, 세월호 문학, 세월호 이전과 이후 이런 표현이 나온 것 같아요. 이것은 우리가 오래 가져갈 기억이라고 봐요."

– 2017년 5월 9일, JTBC 〈2017 특집 뉴스룸 – 우리의 선택, 국민이 바꾼다〉

천 일 만에 돌아온 딸

바람도 불지 않고 햇살이 제법 강해 여름이 일찍 찾아왔나 싶었다. 점심을 먹고 '만남의 장소' 컨테이너 옆에 옹기종기 모여 있어야 할 가족들이 보이지 않았다. 옆으로 누워 있는 녹슨 배에 더 가까운, 철제 담장 너머 부두 안쪽에 있는 컨테이너 사무실에 은화 엄마, 아빠가 앉아 있었다. 초조한 눈빛. 그리고 국립과학수사연구원 로고가 새겨진 조끼를 입은 국과수 직원이 부부 앞에 심각한 표정으로 자리해 있었다.

그는 A4용지 넉 장짜리 서류를 부부에게 가까이 펼쳐 보였다.

"유해 상태가 비교적 양호해서 예상보다 빨리 분석 결과가 나왔습니다."

설명이 시작됐지만 다른 내용이 들어오질 않았다. 내 딸일까.

소중한 것들 잊지 않도록

"2주 전 배 4층 선미 8인실 구역에서 발견된 뼈는 은화인 것으로 확인됐습니다."

은화란다. 수색 작업자들이 용접으로 벽면을 뜯어 내자 안에 잔뜩 쌓여 있던 자재가 바닥으로 쏟아지면서 이것저것들 사이에서 사람 뼈로 보이는 물체가 발견됐다. 사실 녹슨 철근처럼 완전히 갈색으로 변해 뼈인지도 알 수 없었지만 전문가들이 용케 알아내고 검사를 해보자고 조심스레 수습해갔었다. 그 뼈가 딸이란다. 집을 나선 지 1,135일 만에 딸이 돌아왔다.

신원 확인 통보를 한 국과수 직원도, 마침내 딸을 만난 부모도 더 이상 그 자리에서 할 수 있는 게 없었다. 다시 철제 담장 밖으로 나왔을 뿐.

다운 엄마는 딸의 뼈를 찾은 은화 엄마를 꼭 안아줬다.

"울고 싶은데 울지도 못하고, 어머니 참. 에구."

은화 엄마는 아랫입술에 힘을 꼭 주며 말했다.

"다 찾고 나서 엉엉 울게요."

잠시 후 스마트폰으로 문자 메시지가 도착했다.

즉시 보도자료 송부. 4-11 구역에서 수습된 미수습자, 조은화 양으로 신원 확인.

곧이어 스마트폰 속보 알람 메시지가 뜨더니 온라인에 기사가 속속 올라오기 시작했다. 포털사이트 실시간 검색어 1위가 '조은화'였다. 그렇게 은화가, 아니 은화의 일부가 물 밖으로 나왔음이 세상에 알려졌다. 딸의 뼈를 찾은 엄마와 딸의 뼈를 찾아야 하는 엄마의 대화가 너무 담담해서 슬퍼지는 하루였다.

"오늘 낮 이곳 목포신항 부두 안쪽 컨테이너에서 국과수 신원 확인 담당자가 직접 은화 양의 부모에게 DNA 분석 결과를 설명했습니다. 참사 발생 1,135일 동안 딸을 기다렸습니다. 하지만 은화 양 부모가 받아든 건 A4용지 넉 장에 담긴 DNA 분석 결과뿐이었습니다.

이금희 씨는 그렇게 기다리던 딸을 찾았지만 마음은 더 아프다고 말했습니다. 살아 있는 딸을 한 번만 안아봤으면 좋겠다…… 내가 직접 차린 밥을 먹는 모습을 꼭 봤으면 좋겠다……. 이렇게 울먹였습니다."

―2017년 5월 25일, JTBC 〈뉴스룸〉

고맙고 미안해

2017년 5월 14일, 배 3층 우현 쪽 에스컬레이터에서 쇄골, 늑골, 견갑골이 한 점씩 발견됐다. 에스컬레이터라면 탑승객들이 2층 차고에 차를 대고 객실이 있는 3층으로 올라가는 통로였다. 테라스와 비슷한 구조이기 때문에 이 장소는 배 안쪽이라기보다는 배 바깥에 가까웠다. 뼈가 발견될 것이라고 예상하지 못한 곳이고, 발견되어선 안 되는 곳이었다. 객실도 실내 복도도 아닌 이곳에서 뼈가 발견됐다는 건 다른 뼈들이 물에 휩쓸려 배 밖으로 멀리 떠내려갔을 수도 있다는 뜻이었다.

다행히 이틀 뒤 비슷한 위치에서 치아가 붙은 두개골이 또 발견됐다. 누구의 뼈일지 모르는 채 수색 작업자가 조심스레 뼈를 배 밖으로 꺼내 작은 관에 담았다. 연락을 받은 미수습자

가족들도 배 가까이에서 관을 차량에 옮기는 장면을 초조하게 지켜봤다. 수색 작업자들도 그 순간만큼은 일을 멈추고 배 앞에 줄을 섰다. 현장에서 그나마 형식을 갖춰 할 수 있는 운구인 셈이었다.

이틀 뒤 국과수는 "두개골에 붙은 치아를 분석한 결과, 허다윤 양으로 확인됐다"고 가족들에게 통보했다. 미수습자 가족들이 미리 당국에 제출해뒀던 미수습자 치과 진료 기록과 배에서 발견한 치아를 비교 분석하면 보통 한 달가량 걸리는 DNA 검사보다 훨씬 빨리 신원을 파악할 수 있었다.

사실 다윤 엄마는 두개골이 나왔다는 소식을 들은 순간부터 직감했다.

"우리 딸은 어릴 때 치과에서 큰 수술을 몇 번 받아서 금방 알 수 있을 거예요."

엄마의 바람대로 그 수술 흔적이 결정적이었다.

"어제인가 그저께 운구를 했잖아요. 그게 내 딸이었는데. 내 딸이었는데, 그걸 몰랐다는 게 다윤이한테 미안하고. 아직 몸은 DNA 검사를 안 했잖아요. 그거는 나와야 되는 거고. 다윤이한 테 너무 고맙고, 엄마가 너무 미안하고……. 이 공포, 무서움, 두려움을 겪었기 때문에 남겨진 가족들도 똑같거든요, 사실은. 그래서 남겨진 가족의 아이들도 빨리 찾아야 되고……."

의경 아들

어딜 가나 분위기를 주도하는 능력이 탁월한 사람이 있다. 대개는 마음이 따뜻한 사람이다. 목포신항 유가족 천막에서는 영석 엄마가 그런 사람이었다.

나와 이상엽 기자, 연지환 기자 이렇게 셋이 유가족 천막을 지날 때면 영석 엄마는 "JTBC! 밥 먹었어?"라며 셋을 한꺼번에 휘어잡았다. 그러면 곧, 분명 막 식사를 하고 왔음에도 천막 구석에 모여 영석 엄마가 주는 음식을 맛있게 먹고 있는 우리를 발견하곤 했다. 〈뉴스룸〉 중계가 끝나고 카메라 조명이 꺼지면 중계용으로 설치한 가설무대 쪽은 완전히 암흑으로 변했다. 방송을 끝내고 무대 계단을 내려오면 어둠 속에서 어김없이 영석 엄마의 목소리가 들려왔다. 나와 카메라기자, 오디오맨까지,

살뜰하게 사람 숫자에 맞춰 따뜻한 커피를 쟁반에 들고 와서는 "이거 마시고 가"라고 쿨하게 명령을 내리곤 했다. 어떤 날은 먹기 좋게 썬 수박, 어떤 날은 삶은 달걀, 또 어떤 날은 어디서 받았다며 피자를 내주기도 했다.

교통 통제를 위해 부둣가에 밤낮으로 서 있는 의경도 영석 엄마의 아우라에서 벗어나지 못했다. 봄날 철조망 하나를 두고 세월호가 보이는 부두 아스팔트 도로는 꽤 더운 열을 토해냈다. 교대시간을 기다리며 몇 시간째 그 도로에 서 있는 의경에게 영석 엄마는 시원한 음료수를 수시로 건넸다. 더운 열이 다 빠지고 제법 쌀쌀한 새벽 시간, 빨간 불이 깜빡깜빡하는 경광봉을 들고 서 있는 의경에게는 영석 엄마가 따뜻한 맥심 커피를 건넸다. 커피를 받아든 의경이 고등학교 졸업 후 바로 입대한 것이라면, 딱 영석이 나이일 터였다. 영석 엄마에게는 아마도 이 의경이나, 기자라고 빨빨거리며 돌아다니는 나와 상엽이, 지환이 모두 아들처럼 보였을 것이다.

유난히 영석 엄마의 표정이 평소와 다른 날이었다. 비바람까지 불었다. 3년 전 오늘은 세월호가 침몰한 지 나흘째가 되는 날이었다.

"오늘은 영석이가 물 밖으로 나온 날이잖아. 그때 4월 20일에 7반에서 여러 명 나왔거든."

다른 유가족의 귀띔으로 알 수 있었다.

"JTBC! 밥 먹었어?"

그래도 영석 엄마는 우리의 끼니를 챙겼다.

"오늘 아침에 내가 그림 하나를 선물받았어. 이거 한번 봐봐."

영석 엄마가 스마트폰으로 찍어놓은 사진은 리본 그림이었
다. 줄이 그어진 노트 위에 검은 모나미 볼펜으로 그린 듯했다.
리본 주변으로는 몇 송이 꽃과 나비가 그려져 있고, 그 아래엔
'엄마! 감사하고 힘내세요'라는 글도 적혀 있었다. 제법 정성스
럽게 그린 티가 났다.

"여기 맨날 서 있는 의경 ○○이가 직접 그렸다면서 줬어. 그
런데 신기한 게 오늘이 영석이가 나온 날인데 어떻게 딱 맞춰서
이런 예쁜 그림을 준 건지……. 밑에 엄마라고 쓴 것도 꼭 영석
이가 대신 전해달라고 한 것 같은 느낌이야."

최○○ 상경이 소속된 목포경찰서와 영석 엄마의 동의를 구
한 뒤 이날 저녁 〈뉴스룸〉에 이 그림을 짧게나마 소개했다. 훗
날 목포신항에 근무하는 정보계통 경찰에 따르면, 이 보도가
나간 후 최 상경은 포상휴가를 받았다고 한다. 따지고 보면 아
들 또래의 의경을 살뜰하게 챙긴 영석 엄마가 준 휴가나 다름
없었다.

세월호 내부로 들어가다

"이 기자님, 오늘 아마 배 안으로 들어갈 수 있게 시간을 좀 마련할 것 같아요. 모든 언론사가 다 가는 건 아니고 풀단(안전, 비용, 취재 대상 경호 문제 등으로 모든 언론사가 개별 취재하기 어려운 경우, 일부 언론사가 대표로 취재하고 결과물은 공유하는 기자단)으로 할 것 같고요."

세월호 선체 내부 수색 65일째. 전날 세월호 선체 3~5층 객실 부분 1차 수색을 마친 해양수산부가 그동안 공개하지 않았던 세월호 내부를 언론에 공개하겠다고 연락이 왔다.

목포신항에 누워 있는 세월호 안으로 들어갔다. 내부로 들어가는 통로는 배 안에 가득 찬 진흙을 빼내기 위해 뚫어놓은 사람 키만 한 바로 그 구멍이었다.

배 안에 들어가자마자 상하좌우 방향 감각이 흐려졌다. 고개를 들어 하늘을 보았다. 22미터 위에 일정한 간격으로 뚫린 구멍. 원래 찰랑이는 바다를 바라볼 수 있는 객실 창문이었을 테지만 배가 누워 있는 지금은 하늘을 향해 있었다. 하늘을 향해 열려 있는 모든 틈 사이로 눈부신 빛이 배 안으로 쏟아져 들어왔다.

시간이 멈춘 곳이었다. 2014년 그날이 아니라, 그 이후 한참 동안 햇살도 제대로 닿지 않는 깊은 바닷속으로 완전히 들어간 어느 시점에서 멈춘 듯했다. 짠 바닷물에 닳고 닳아 철제 외벽이 삭을 수 있는 만큼 다 삭아버린 어느 시점. 해저면을 향해 자동차, 오토바이, 철근이 쏠리고 쏠려 더 이상 배 외벽을 뚫을 수 없을 정도로 쏠려버린 그 시점에 시간이 멈춰 있는 듯했다. 기름 냄새와 썩은 흙냄새가 뒤섞인 옅은 냄새만 날 뿐, 예상보다 코가 괴롭지는 않았다.

"바로 여기를 뜯어내니까 안에 있던 진흙, 배 자재와 함께 유해가 쏟아져 나왔습니다."

수색 관계자가 4층 선미 객실 구역에서 말했다. 〈뉴스룸〉 중계 때마다 카메라 앞에 서서 열 번은 넘게 말했을 "4층 선미 여학생 객실 구역……"을 가리켰다. 설명이 없었다면 도저히 객실이라고 알아차리지 못할 광경이었다. 다 쓴 티슈 갑을 발로

밟아놓은 것처럼 구깃구깃해진 철판 사이로 텅 빈 공간이 보일 뿐이었다.

밖으로 나와 이번에는 1만 톤이 훌쩍 넘는 배를 떠받치고 있는 거대한 받침대 아래로 들어갔다. 무릎을 조금 굽히고 고개를 살짝 숙이니 받침대와 내 키가 딱 맞았다. 배가 정상으로 떠 있었더라면 왼쪽이었을 지금의 바닥면이 내 몸 전체를 곧 눌러버릴 듯 받침대에 걸쳐 있었다. 고개를 살짝 들자 찢겨진 철판 사이로 자동차가 보였다. 틈 사이로 운전대와 에어컨, 오디오도 보였다. 또 다른 찢긴 틈으로는 배 화물칸 내부를 비췄을 폐쇄회로 카메라가 보였다. 흙만 뒤집어썼을 뿐 깨진 곳 하나 없이 깨끗했다. USB 단자 비슷하게 생긴 연결부도 온전했다.

문제는 구멍이 그대로 뚫려 있는 곳도 꽤 많이 보였다는 점이었다. 인양 전 잠수사가 쇠그물같이 생긴 유실 방지망을 외부로 뚫린 구멍마다 꼼꼼하게 부착했다지만 선체 인양 후 처음 공개된 받침대 아래의 상황은 말처럼 완벽하지 못했다. 유실 방지망이 떨어져나간 채 그대로 밖으로 노출된 큰 구멍으로 소중한 무언가가 밖으로 빠져나가버렸다면?

마지막으로 부두 바닥에서 배 꼭대기까지 26미터 높이로 설치된 워킹타워 계단을 타고 하늘과 맞닿은 배의 가장 높은 부분인 우현에 올랐다. 아파트 9층 높이인 데다 표면이 울퉁불퉁해 추락 위험이 있다고 해수부 관계자가 몇 번이고 주의를 주었다. 취재진 모두 우현에 울타리처럼 설치된 안전펜스에 생명줄을 걸고 한 발 한 발 조심스럽게 내딛으며 다녔다.

순간 내가 발을 딛고 선 곳이 어디인지를 깨닫고 착잡함이 밀려왔다. 배가 좌측으로 기울고 물속으로 점점 내려앉을 때, 찰랑거리는 흙빛 물결 사이로 마지막까지 하늘을 향해 드러나 있던 바로 그 배 옆 부분이었다. 뉴스 영상에 자주 나오는, 누군가가 헬리콥터 위에서 바다를 향해 카메라 렌즈를 내리비추었을 때 마지막까지 포착된 바로 그 부분이었다. 내가 딛고 선 지점 바로 옆에 있는 네모난 모양의 창문. 지금은 유리가 다 떨어져나갔지만 배 안에 있던 누군가는 마지막까지 이 창문 밖으로 나오려고 유리를 두드렸을 것만 같았다.

영화 〈타이타닉〉의 마지막 장면에서 할머니가 된 생존자 로즈(케이트 윈슬렛)는 탐사선 난간에 서서 평생을 간직해오던 다이아몬드 목걸이를 바닷속으로 던진다. 화면은 타이타닉이 잠겨 있는 바닷속으로 들어간 이 다이아몬드를 따라 더 깊은 바다로 들어간다. 서서히 다 삭아버린 타이타닉 선체가 나타나고, 빠른 속도로 배 중앙 로비까지 다다른 화면이 갑자기 배 내부로 들어가면서 눈부시게 환해진다. 녹슨 벽, 쓰러진 자재 더미는 모두 사라지고 윤기 나는 나무 장식과 눈부신 샹들리에로 바뀐다. 로비의 문이 열리고 화면은 주인공 잭 도슨(레오나르도 디카프리오)의 미소 짓는 얼굴을 비춘다. 그 뒤로 로비를 가득 메운 다른 승객들의 미소와 환호가 보인다.

얼마 전 다시 이 엔딩 장면을 보는데, 지난 6월 세월호 우현에 서서 발아래로 내려다본 모습이 겹쳐 무척 괴로웠다.

소중한 것들 잊지 않도록

특별한 상황

스마트폰 알람 소리에 눈을 떴다. 당시 묵고 있던 무인텔 창문은 이유가 뭔지 빛이 전혀 통하지 않게 코팅이 되어 있어, 아침이 되어도 해가 떴는지 도통 알 수가 없었다. 자기 전 먹다 남긴 미지근한 생수를 들이켰다. 간단히 눈곱만 떼고 침대 옆 소파에 앉아 바로 노트북을 열었다.

늘 그렇듯 포털사이트 검색창에 '세월호'를 쳤다. 어제저녁 모든 방송사 메인뉴스에서 세월호 보도는 0건. 오늘 아침 신문이나 온라인에도 새롭게 뜰 기사가 없을 게 분명했다. 검색 결과, 역시나 특별한 건 없었다. 선체조사위원회, 목포신항, 미수습자, 단원고, 해양수산부. 차례로 키워드를 입력해봐도 역시 특별한 새 소식은 없었다.

며칠 전 취재 과정에서 확보한 선체 내부 사진으로 기사를 만들기에는 아직 보충 취재가 덜 됐다. 캡과 바이스(보통 언론사 사회부 사건팀 팀장을 캡, 부팀장을 바이스라고 부른다. 정확한 어원은 알 수 없으나 captain과 vice-captain의 줄임말일 확률이 높다)에게는 "오후에 특이사항이 있으면 추가 보고드리겠습니다"로 보고를 끝냈다.

모텔에서 걸어서 20분. 목포신항 미수습자 만남의 장소 컨테이너에 닿았다. 햇살이 제법 뜨거웠다. 이보다 더 날이 뜨거워지면 수색에도 차질이 있겠다는 생각이 들었다. 멀리 컨테이너 밖 플라스틱 의자에 어김없이 다윤 엄마와 은화 엄마가 자리를 지키고 있었다. 주말에 잠시 서울에 다녀온 이야기로 말문을 열었다.

"딸 많이 컸겠네요?"

"많이 컸어요. 애교도 많아지고."

"어디 사진 좀 보여줘요."

스마트폰에 담긴 딸 사진을 다윤 엄마에게 보여드렸다.

"아빠 닮았네. 아닌가? 눈매는 엄마를 닮았네."

"그렇죠? 저 말고 애엄마 닮으면 좋겠는데."

"아빠 닮아도 예쁘겠지, 뭐. 이제 막 잡고 일어서고 그러겠네. 한참 예쁠 때다. 우리 다윤이는 어릴 때 치과 다니느라 고생 많이 했는데. 서울 가거든 딸 많이 안아줘요. 꼭 안아줘요. 사랑

한다고 많이 말하고."

이따금씩 정치인, 지역기관장이 수행원 몇 명을 데리고 와서 위로의 말을 건네고 사진을 찍고 가곤 했다. 이날은 이런 외부 방문객도 없었다. 취재진에게는 하루에 두 번, 부두 안쪽 세월호 100미터 앞까지 접근해 20분 정도 작업 상황을 지켜볼 수 있는 기회가 주어지는데, 멀리서 지켜봤을 때 어제 작업과 오늘 작업이 크게 달라 보이지 않았다. 우주복 같은 잿빛 전신 작업복을 입고 배에 뚫린 커다란 구멍으로 들락날락거리는 수색 작업자. 그 앞 진흙 분류대에서는 작업자 수십 명이 쪼그려 앉아 진흙에 물을 뿌리고 체에 걸러가며 혹시 있을지 모를 뼈를 찾고 있었다. 몇 달 넘게 지켜본 녹슨 고철덩이가 이제 더 이상 낯설지 않았다.

"자, 이제 나가시죠."

해수부 직원이 다시 부두 담장 밖으로 나가자고 취재진을 이끌었다. 배 안에서 나오는 유류품을 정리하고 관리하는 동수 아빠가 노란색 안전모를 허리에 끼고 부두 철문 앞에 서 있었다. 늘 그렇듯 머리카락은 땀에 잔뜩 젖어 있고, 이마엔 안전모에 눌린 자국이 선명했다. 얼굴은 어제보다 더 검게 그을린 것 같았다.

뜨거웠던 햇살이 선선한 바람으로 바뀔 무렵, 부두 밖으로 진흙을 뒤집어쓰고 땀에 전 수색 작업자들이 나왔다. 누군가는 자전거를 타고, 누군가는 동료의 차를 얻어 타고, 누군가는 걸어서 주어진 하루 업무를 마치고 밖으로 나왔다.

특별할 것 없는 목포신항의 하루가 이렇게 저물었다.

미수습자 중 가장 어린 혁규의 큰아빠가 말을 건네왔다.

"이 기자, 오늘은 방송 없어?"

"네, 오늘은 특별한 상황이 없네요."

대답을 하고 보니 영 찝찝했다. 특별한 상황이 없다니. 무엇이 특별한 상황일까. 이들에게 특별한 상황이 없다고 말해도 되는 걸까.

자식처럼 느껴진 유류품

승용차 한 대가 목포신항 북문 앞에 멈춰 섰다. 평소 보던 해수부 공무원이나 선체조사위원회 관계자, 수색 장비를 실은 차는 아니었다. 조수석에서 여성 한 명이 내렸다. 어딘가 긴장한 듯한, 또는 걱정스러운 표정이었다. 주변에 있던 노란 점퍼를 입은 세월호 엄마들이 다가가 금세 이 여성을 둘러쌌다. 누구는 등을 토닥여주고, 누구는 눈물을 흘리며 꼭 껴안아주었다.

"잘 지냈어? 어서 들어가봐."

아들의 가방이 발견됐다는 소식을 듣고 멀리서 차를 몰고 내려온 유가족이었다. 슬프게도, 다행스럽게도 아들의 육신은 배가 침몰하고 며칠 지나지 않아 가족 품으로 돌아왔다. 도저히 잊히지 않는 것을 애써 잊고 3년을 살아왔을 것이다. 잊었다고 생각하며 버텨왔을 것이다. 하지만 이번엔 아들이 잘 다녀오겠노라고 흔들었던 그 손 반대편에 들려 있던 가방이 나온 것이다.

철문 안쪽 유류품 보관소로 걸어 들어갔다. 멀리서 배를 쳐다보고 있던, 영문 모르는 일반 시민들이 양옆으로 길을 터주었다. 무슨 일일까, 옆 사람과 속삭이는 이들을 뒤로하고 터벅터벅 걸어 들어갔다.

절차는 오래 걸리지 않았다. 아빠, 엄마는 아들의 커다란 여행 가방을 들고 철문 밖으로 나왔다. 멍한 표정으로 황급히 차 트렁크에 가방을 실었다. 카메라기자는 촬영 준비를 마쳤고, 나도 마이크 전원이 켜져 있는지 다시 확인했다. 다가가 심정이라도 한마디 묻고 싶었다. 그래야 기사를 쓸 수 있을 것 같았으니까. 그런데 옆에 있던 동수 아빠가 내 어깨를 잡았다.

"이번에는 그냥 보내는 게 좋을 것 같아요."

아들을 삼킨 배가 보이는 그곳을 한시라도 빨리 벗어나고 싶다는 듯 허겁지겁 차에 오르는 아빠와 엄마. 그들은 목포신항을 지키는 유가족들과는 또 다른 방식으로 슬픔을 삭이는 중이었을 것이다. 인터뷰를 말린 동수 아빠의 말이 맞는 것 같았다.

배 안에서 유류품은 수시로 나왔다. 갈기갈기 찢겨진 교복 사진을 보면 온몸에 소름이 끼쳤다. 어둡고, 차갑고, 더럽고, 외로운 공간의 기운이 사진에서도 느껴졌다.

선체 내부 수색 열흘째, 하루 일과가 끝나갈 무렵 현장 상황을 잘 아는 취재원이 전화를 걸어왔다. 하루의 수색 상황이 집계되는 이 시간에 걸려온 전화라면 작업 도중 문제가 생겼거나, 뭔가 찾았다는 소식일 가능성이 컸다.

"이 기자, 옷이 발견됐어요."

"네? 무슨 옷이요? 누구 건가요?"

"영인이 명찰이 있는 교복이에요. 영인이 거."

"영인이는 안 나오고요?"

"없어요. 일단 옷만."

단원고 남학생들이 머물던 배 4층 선수 쪽에서 아직 가족 품으로 돌아오지 못해 '미수습자'로 분류된, 단원고 2학년 6반 박영인 군의 교복이 발견됐다. 영인이의 가방과 학생증은 참사 직후 바로 발견됐지만, 그 이후로 영인이의 흔적은 더 이상 나오지 않았다.

목포신항 곳곳에 걸린 커다란 현수막에는 영인이 사진 옆에 같은 반 현철이 사진이 나란히 있었다. 그래서일까. 영인이 교복이 나온 바로 다음 날 오전, 현철이의 백팩이 발견됐다. 전날 영인이 교복이 발견된 지점과 비슷한 곳, 진흙 속에 완전히 파묻혀 있었다고 한다. 가방 안에는 옷이 들어 있었고, 현수막에서 늘 보던 그 사진이 붙어 있는 학생증도 들어 있었다. 지갑에는 현철이 아빠가 준 수학여행 용돈이 그대로 들어 있었다. 현철이는 참사 이후 아무것도 발견된 것이 없었다. 현철이보다 먼저, 참사 1,108일 만에 가방이 가족에게 돌아왔다.

"오늘은 눈물을 너무 많이 흘렸어. 이제는 가방 말고 아들을 찾아야지."

애써 유쾌한 표정을 지으며 인사하던 현철 아빠는 이날만큼은 완전히 무너졌다. 아빠에게는 배 안에서 나온 가방이 곧 현철이었다.

열일곱 살 민지의 사진

고(故) 전몽각 선생이 찍은 사진집 《윤미네 집》을 두 해 전쯤 선물받았다. 1990년에 처음 출간된 이후 입소문으로 유명세를 타 20년 만에 다시 나왔다는 그 책. 프로 사진가가 아닌 아빠 전몽각 선생이 딸의 탄생부터 결혼까지 20년 넘는 세월을 사진으로 기록했다. 멋진 배경이 아니라서, 잘 꾸민 모델이 아니라서 더 애틋하고 소중한 사진을 한 장 한 장 보고 있노라면 행복한 부녀의 일상이 느껴졌다.

"지난번 선체조사위원회에서 밝힌 학생 스마트폰 복원한 게 민지네 거라고 하네. 복원한 사진도 민지 아빠한테 전달됐대."

목포신항에서 매일같이 인사하는 한 세월호 유가족이 민지네 사진 소식을 알려주었다. 민지 아빠 번호를 수소문해 전화를 걸었다. 사진을 달라고, 보도하겠다고.

선체조사위원회가 스마트폰이 누구 것인지는 밝히지 않은 채 복원된 내용 일부분을 기자들에게 공개한 적이 있었다. 그때 K학생의 것이라고만 알려진 스마트폰의 마지막 전화 수신 기록은 2014년 4월 16일 오전 9시 47분의 것이었다. K학생은 민지였고 그 마지막 전화를 건 사람이 바로 내가 연락을 한 민지 아빠였다.

"민지 스마트폰에 수학여행 사진이 많던가요?"

"네, 여러 장 있더라고요. 친구들이랑 인천항 여객터미널에서 찍은 셀카 사진도 있고. 교실 뒤편에 옹기종기 여행 가방을 모아놓은 것도 있고."

"혹시 사고 당시 상황을 추정할 만한 사진이나 동영상도 있나요?"

"배터리가 다 됐었는지 모르겠지만, 배가 기울 때의 동영상은 없는 것 같아요. 사진도 마찬가지고."

이 아빠에게 해도 되는 질문일까 겁도 났지만 하지 않을 수 없는 질문이기도 했다. 감사하게도 민지 아빠도 애써 담담하게 답을 주었다.

"네. 아버님이 허락해주신다면 저희가 〈뉴스룸〉 보도에 사진을 사용하고자 하는데 어떠실까요?"

"일단 저는 아직까지 딸 사진만 봐도 가슴이 먹먹하고, 솔직히 말하면 오래 볼 수가 없어요. 근데 지금 거기 남아 있는 부모들은 오죽하겠어요. 수색 초반에는 다시 떠들썩해지더니 얼마 지나니까 또다시 관심 밖으로 멀어지고 있잖아요. 사진 쓰셔도 돼요. 국민들이 세월호 참사를 잊지 말고 수색 작업에도 다시 힘을 실어주었으면 하는 바람이에요. 다른 거 없어요."

몇 시간 후 민지 아빠가 보낸 대용량 메일 두 통이 도착했다. 메일 제목은 '민지 폰 사진 수학여행길', '민지 폰 사진 수학여행길 2'. 그랬다. 참사 전날의 안타까운 사진이 아니라 수학여행을 떠나는 설레는 표정이 가득한 딸의 사진이었다.

951킬로바이트짜리 〈IMG_0862.jpg〉에는 인천항 여객터미널 우동식당 앞에서 친구와 꽃받침 손을 하고 미소 짓는 민지가 있었다. 534킬로바이트짜리 〈IMG_20140415_212237.jpg〉에는 사고 전날 밤 배 객실에서 친구와 손가락으로 브이 자를 그리고 환하게 웃는 민지가 있었다.

"선체조사위원회가 민간 디지털 포렌식 업체에 의뢰해 내용물을 복원해 확인해보니 단원고 2학년 2반 김민지 양의 것으로 확인됐습니다. 민지 양은 참사 닷새 만인 2014년 4월 21일 발견됐습니다. 그리고 이번에는 1,130여 일 만에 사진이 복원돼, 밝은 표정의 민지 양의 사진이 가족에게 전달된 겁니다. 디지털 포렌식 결과, 이 스마트폰으로 사진을 찍은 마지막 시점은 참사 발생 전날 밤 10시쯤으로 추정되고, 이날 하루 찍은 사진은 총 60장쯤 됩니다. 저희는 민지 양 아버지에게 보도 여부에 대한 동의를 받고 사진을 제공받아 전해드리게 됐습니다. 민지 양의 아버지는 '딸의 사진을 보고 있으면 아직도 믿기지 않고 가슴이 아프다'면서 '국민들이 세월호 참사를 잊지 말고 수색 작업에도 다시 힘을 실어주었으면 하는 바람'이라고 말했습니다."

-2017년 6월 12일, JTBC 〈뉴스룸〉

그날 손석희 앵커는 〈앵커브리핑〉에서 이렇게 말했다.

"삶은 결코 평온하지 않을 것이며 기쁜 날보다는 슬픈 날이 가득하더라도…… 사진은 그렇게 어느 한순간의 행복을 우리 삶 전체에 퍼지게 하는 마법과도 같은 힘을 가진 것 같습니다.

오늘 우리는 몇 장의 사진과 다시 마주하게 되었습니다. 3년 만에 돌아온 딸아이의 전화기. 그 안에는 그 배를 타기 전후의 열일곱 살 설레던 마음들이 담겨 있었습니다. 빈 가방을 채워 넣고, 삼삼오오 모여앉아 출항을 기다리고, 친구와 수다를 나누던 일상의 풍경들, 바로 어제 일인 것만 같은 그 소소한 풍경들과…… 열일곱에서 멈춰야 했던 소녀의 시간……. 기억과 망각 사이에 사진이 있었습니다."

-2017년 6월 12일, JTBC 〈뉴스룸〉

배의 아주 작은 틈새에서도 찾을 수 있는 모든 것을 다 찾아
봐야 하는 이유, 3년 동안 짠 바닷물 속에 엉켜 있다 펄을 뒤집
어쓴 채 발견된 스마트폰을 살려보려 노력해야 하는 이유는 분
명히 있었다.

세월호, 아직도 해?

대선 이틀 후, 디지털뉴스팀에서 〈뉴스룸〉이 끝나고 페이스북과 유튜브로 방송되는 〈소셜라이브〉에 목포신항 현장을 연결해보자고 연락이 왔다. 일단 알겠다고 대답은 했지만, 그리 내키지는 않았다. 새로 뽑힌 대통령에게 온 나라의 관심이 쏠려 있던 때였다. 목포신항 이야기는 뉴스 우선순위로 따지면 한참 뒤로 밀릴 때였다. 아무도 관심 갖지 않을 것이 분명해 보였다. 함께 있는 두 후배 기자 모두 비슷한 의견이었다. 그래서 〈소셜라이브〉 제목을 정해달라고 다시 연락받았을 때 곧바로 이렇게 말했다.

"세월호, 아직도 해?"

한편으로는 내심 서운한 마음을 표현한 것이다. 가까운 친구나 가족도 "사람들이 세월호에 관심도 없는데 언제까지 목포만 지키고 있느냐"고 할 정도였다. 심지어 "뭐 잘못해서 회사에서 너 거기로 보낸 거 아니야?"라고 묻는 사람까지 있었다.

방송 구성이랄 것도 없었다. 아니, 특별히 할 수도 없었다. 〈뉴스룸〉이 끝나고 〈소셜라이브〉를 연결할 때의 목포신항은 그저 어두컴컴하고 바람이 세차게 불 것이 뻔했다. 그 적막한 상황을 그대로 보여주자는 생각이었다.

"저희들은 내일도 최선을 다하겠습니다. 오늘도 〈소셜라이브〉 준비되어 있습니다. 페이스북 라이브로 함께하시죠. 여러분, 고맙습니다."

〈뉴스룸〉이 끝나고 스튜디오에는 출연 기자 없이 손석희 앵커와 안나경 앵커만 남았다. 안나경 앵커가 직접 스마트폰을 들고 목포신항에 있는 우리 세 명과 영상통화로 대화를 주고받았다. 이후 화면은 목포신항에 있는 중계카메라 영상으로 완전히 넘어왔다.

우리끼리 '메인 스트리트'라고 부르는 부두 아스팔트 도로 위에 섰다. 낮에는 아지랑이가 피어오를 정도로 덥지만, 밤 바닷가의 바람은 어김없이 거셌다. 노란 리본이 세차게 나부끼고, 바람이 철문을 연신 때려 삐걱거리는 소리가 계속 들렸다. 아무도 없는 밤 10시의 적막한 부두의 모습, 가족들이 생활하는 컨테이너, 사람을 찾고 진실을 밝혀달라는 외침이 담긴 현수막, 작업자와 공무원들이 쉴 새 없이 오가는 철문까지, 있는 그대로의 모습을 자세히 전했다.

이상엽 기자는 평소 품고 있던 고민을 진솔하게 털어놓기도 했다.

"이 시간에 텅 빈 이 거리를 보여드렸는데요. 저희 취재진도 중계나 리포트를 마치고 나서 이 거리를 지날 때 많은 생각을 합니다. 오늘 어떤 취재를 했고 내일은 또 어떻게 해야 되겠다. 또 혹시라도 가족분들에게 실수한 것은 없나. 그리고 어떻게 하면 조금 더 마음에 위안이 될 수 있을까 등등 이곳에서 취재를 마치고 걸어갈 때 많이 생각합니다."

– 2017년 5월 11일, JTBC 〈소셜라이브 – 세월호, 아직도 해?〉

스마트폰으로 실시간 시청자를 확인해보니 2,100명이 보고 있었다. 4,000개가 넘는 댓글이 달렸다. 많은 사람들이 "이렇게 적막한 곳인 줄 몰랐다", "미수습자 가족이나 유가족들이 저렇게 열악한 곳에서 버티고 있는지 몰랐다"는 반응을 보였다.

우리 예상이 틀렸다. 생각보다 많은 이들이 여전히 그리고 간절히 목포신항을 지켜보고 있었다. 클로징을 할 시점이 다 돼서야 깨달았다. 〈소셜라이브〉를 마치면서 마지막 인사말 기회를 빌려 잔뜩 힘주어 말했다. 〈소셜라이브〉니까 감정도 좀 담았다.

"낮 시간에 여기서 유가족들이 계속 틀어주는 영상물이 있어요. 거기 나오는 표현을 그대로 말씀드리면 '세월호 참사는 아이들이 죽어가는 과정을 거의 생중계하다시피 한 참사다'라는 거예요. 무슨 말인지 생각해보면, 배가 침몰하는 과정 속에서도 단원고 학생들이 해경이나 소방당국에 문자를 보내고 신고를 했습니다. 그럼에도 불구하고 우리 어른들이 세월호에 배로 헬기로 다가갔지만 빨리 뛰어내리라는 말을 하지 못하고 청와대에 보낼 영상이 필요하다, 보고부터 해라, 누구를 태워서 가야 한다, 그렇게 시간을 보냈죠. 그래서 그 영상에 나온 엄마는 '죽어가는 걸 생중계하고 있었다'고 말합니다. 왜 아직도 세월호를 보도해? 아직 안 끝났어? 다른 사고도 많은데 왜 이것만 이렇게 오랫동안 보도해? 라고 할 수도 있습니다. 하지만 세월호 참사가 갖고 있는 의미나 교훈이 아직까지도 공론화되지 못했고, 많은 분들이 덜 느끼고 있다는 생각도 듭니다."

− 2017년 5월 11일, JTBC 〈소셜라이브〉

중계를 마치고 셋이 함께 반성했다. 이날 이후 '왜 우리 고생하는 걸 알아주지 않느냐' 같은 투정은 그만하기로 했다.

진도 팽목항 등대 앞 조형물에 걸린 묵주. 경기 광주시에서 온 한 여성이 팔에 차고 있던 묵주를 걸어 놓았다. 어머니 유품이지만 바다 속 아이들에게 진심을 전달하고 싶어 걸었다고 했다. (2016년 12월 6일)

목포신항에 세월호 선체가 완전히 거치된 지 이틀 후 배 뒷면의 모습. 당시 현장 관계자를 설득해 '보도에 사용하지 않는 것을 전제'로 배 바로 앞까지 접근해 자세히 관찰할 수 있었다. 세척 작업을 하기 전이라 진흙과 조개 따위가 배 겉면에 잔뜩 묻어 있다. 인양 과정에서 좌측 램프를 절단해 화물칸 내부가 그대로 보인다. (2017년 4월 13일)

배 모양 틀 안에 놓인 미수습자 아홉 명의 사진. 미수습자 가족들은 수색이 무사히 이뤄지길 바라는 마음을 담아 배가 잘 보이는 위치에 이 아크릴 조형물을 설치했다. 조형물 안에 습기가 자주 차는 게 문제였다. 가족들은 사진이 젖을까봐 수시로 이를 확인했다. 나중에 아크릴 뒤쪽에 통풍구를 뚫어 걱정을 덜 수 있었다. 목포신항 방문객들은 이 조형물 앞에서 늘 숙연해 보였다. (2017년 5월 7일)

선체 내부 수색 과정을 지켜볼 수 있는 폐쇄회로 카메라 영상. 목포신항을 지키는 미수습자 가족들은 하루에도 몇 번씩 모니터 속 작업 상황을 초조하게 지켜봤다. 수색 초기 작업은 최첨단 도구나 기술이 필요한 게 아니었다. 수색 작업자들은 일일이 배 안에 가득 찬 펄을 손으로 걷어 양동이에 담아 빼내는 고단한 작업을 이어갔다. (2017년 4월 24일)

4장

JTBC, 수고 많으십니다

광화문광장 – 국회 – 헌법재판소

경복궁역사거리에서 들은 환호

광화문광장 한복판 KT 사옥 앞에 자리 잡은 중계차 위에 오른다는 것은 특권과 다름없다. 광장 인파 속에서 바라보는 것보다 더 넓게, 주변 빌딩 옥상에서 바라보는 것보다는 훨씬 더 가깝게 광장의 전체 모습을 생생하게 볼 수 있다. 높이 3미터쯤 되는 중계차 위에 올라 촛불로 가득 찬 광장을 바라보면 가슴이 벅찼다. 밤하늘의 별처럼 촛불 하나하나가 움직이며 반짝거렸다. 무대 위 사회자의 구령에 맞춰 촛불 파도타기를 하거나, 무대 위 공연에 맞게 촛불이 춤을 추는 모습은 때로는 비현실적으로 느껴졌다.

광화문광장이 웅장하고 가슴 벅찬 공간이라면 경복궁역사거리는 변화무쌍하고 치열한 공간이었다. 한낮에는 한복을 입은 관광객들이 경복궁역부터 청운효자동 주민센터까지 한가로이 거닐었다. 900미터 길을 따라 양쪽으로 늘어선 맛집과 가죽공방들은 그야말로 핫플레이스 서촌의 모습이었다. 하지만 점차 촛불을 든 시민들이 늘고 어둠이 완전히 깔리면 상황이 달라졌다. 광화문광장에서 밀려온 촛불시민들이 경복궁역사거리로 일제히 모였다. 또 다른 광장이 되는 것이다.

광화문광장보다 좁다보니 시민들이 조금만 모여도 북적이는 느낌은 배가 됐다. 행진 대열이 계속 합류하면 광장보다 더 치열한 함성이 들렸다. 초창기에는 시민들이 날을 넘겨 일요일 새벽까지 집회를 벌이기도 했다. 경복궁역사거리의 상황이 매주 치열해지면서 〈뉴스룸〉에서도 광화문광장 다음으로 이곳 현장을 연결하기 시작했다.

2016년 11월 19일, 어둠이 깔리자 서울지방경찰청 담장 앞에 미리 주차해놓은 JTBC 로고가 붙은 승합차 지붕 위에 올랐다. 그곳에 올라서면 내 등 뒤로 경복궁역사거리 차벽에 막힌 시민들이 정확하게 앵글에 담겼다. 카메라기자 류규열 선배가 카메라 조명을 켜자 시민들이 점점 우리 차를 둘러싸기 시작했다.

"JTBC 파이팅! JTBC 카메라 더 갖고 와! 잘한다, JTBC!"

광화문광장에 놓여 있는 중계차보다 훨씬 차 지붕이 낮은 승합차이기 때문에 시민들의 목소리가 더욱 생생하게 들렸다. 행진 대열과 차벽 앞 상황을 체크하기 위해 뒤를 돌아볼 때마다 차를 둘러싼 시민들이 함성을 질렀다.

"JTBC 파란 점퍼 멋있다!"

한 시민이 차로 다가와 장미꽃을 건네주기도 했다. 뒤를 돌아보면 환호하고, 카메라 조명을 켜면 열광하고, 차 밑으로 잠깐 내려오면 소리치고. 시민들의 반응이 감사하면서도 한편 쑥스러웠다.

"선배, 뒤를 못 돌아보겠어요. 민망해서요."

"어, 나도 민망하다. 그래서 계속 카메라 만지는 척하고 있잖아."

민망함을 이겨보려 류 선배와 필요 없는 말을 한참 동안 심각한 표정으로 주고받기도 했다. 중계 대기 상황에서 대놓고 시민들에게 감사하다고 인사하기도 겸연쩍은 상황이었다. 더구나 우리 차 바로 옆에 있는 한 보도 전문 채널 중계차에서는 스태프들이 장비를 접고 철수하고 있었다. 이 중계차를 향해 시민들이 계속 "차 빼라"고 항의하며 거친 말을 내뱉고 있는 상황이었다. 동종 업계 동료로서 안타까운 마음이 들었다. 동시에 우리도 언제든 엄혹한 시험대 위에 올려질 수 있다는 긴장감이 들었다.

잠시 뽀통령처럼

뉴스에서 현장을 연결하는 건 연극과 닮았다. 미리 원고를 써서 숙지해야 하지만, 외워서 하는 티를 내지 않고 자연스럽게 말한다. 가만히 서 있는 게 아니라 여기저기 움직이면서 중계를 해야 할 경우엔 미리 동선도 체크한다. 실전에 들어가기 전, 조명과 사운드, 복장 등을 점검하는 일도 필수였다.

다섯 번째 촛불집회에서 전국 190만 명(주최 측 추산)이 모이자 앞으로 이보다 더 많이 모일 수 있겠느냐는 분석이 나왔다. 그런데 2016년 12월 3일, 여섯 번째 촛불집회가 심상치 않았다. 주최 측은 저녁 7시 110만 명이 광화문광장에 모였다고 밝혔다.

알고 있지 꽃들은 따뜻한 오월이면 꽃을 피워야 한다는 것을
알고 있지 철새들은 가을 하늘 때가 되면 날아가야 한다는 것을

마치 광화문광장에서 부르려고 따로 맞춘 듯한 가사. 가수 한영애가 무대에 올랐다. 1992년 발표한 노래 〈조율〉. MBC의 〈나는 가수다〉 무대에서 JK김동욱이 재해석해 더 많은 사람들이 듣게 됐다. 나도 그때 한영애라는 가수를 처음 알았고 1993년 라이브 앨범에 수록된 버전을 듣고 난 후 이 노래를 좋아하게 됐다. 무대 아래에 있는 사람들도 좌우로 몸을 흔들며 음악을 즐겼다. 때로는 분노였던 촛불이, 그 순간만큼은 여유였다. 촛불이 좌우로 흔들리는 모습은 훌륭하고 장대한 광경이었다.

지고지순했던 우리네 마음이 언제부터 진실을 외면해왔었는지
잠자는 하늘님이여 이제 그만 일어나요
그 옛날 하늘빛처럼 조율 한번 해주세요

분명 나는 '근무 중 이상무' 상태를 유지해야 했지만, 무대에서 어떤 일이 일어나는지 자세히 관찰하는 것도 취재였으니, 광장에 울려 퍼지는 노래를 즐겨도 괜찮았다.

매번 중계차 지붕 위에서 세종대왕상을 배경으로 서서 중계

를 했지만, 이날은 광장 한복판으로 들어가보고 싶었다. 현장 중계 PD는 에둘러 반대했다. 많은 사람들에게 떠밀리면서 방송사고가 발생할 가능성을 걱정한 것이다. 인파 속의 모습은 중계차와 별도로 설치해놓은 대형 크레인에 매달린 고공 카메라로 충분히 보여주면 된다는 의견이었다. 하지만 나와 카메라 기자 류규열 선배의 의견은 조금 달랐다. 어떤 방송사도 인파 속으로 들어가지 않는 상황에서 우리가 들어가는 것은 큰 의미가 있다고 생각했다. 시민들도 호의적이었고 사전에 질서 유지를 부탁하면 사고 없이 중계를 마칠 수 있을 것 같았다. 보도국에서도 "가능하면 그렇게 해보라"고 승인이 났다.

준비된 무대 행사가 끝나고 광화문광장에서 청와대 방면으로 행진이 진행됐다. 사람들이 아무리 이동해도 광장은 계속 사람들로 차 있었다. 청와대 방면으로 이동한 사람 수만큼 다시 종각과 시청 방면에 있던 사람들이 광장을 채웠다.

광장 한복판에 섰다. 순식간에 시민들이 우리를 둘러쌌다. 우리가 멈춰 서면 뒤에서 밀려온 인파에 떠밀려 자칫 사고가 날 수 있기 때문에 조금씩 앞으로 이동해야만 했다. 원고를 외우며 연습을 하는데 주변에 있던 어른들이 아이들을 내 옆으로 세웠다. 아이들이 하나둘 늘더니 어느새 수십 명이 나를 둘러쌌다. 아이 몇몇은 계속 '박근혜를 구속하라'고 적힌 팻말을 내 얼굴 앞으로 들었다.

"얘야, 이따가 카메라 불 켜졌을 땐 그러면 안 돼. 부탁해."

주변에 서 있던 어른들도, 아이들도 껄껄 웃었다. 중계 직전에 흔히 느껴지는 긴장감과는 다른, 좋은 기운이 느껴졌다. 사실 누군가 카메라를 가려도 상관없었다. 그게 광장이니까. 사람이 북적이고 카메라가 흔들리고 내 목소리보다 주변 소음이 더 크게 들릴 수도 있는 것, 그게 광장이었다. 물론 음향 담당, 영상 담당, 송출 담당 동료들이 보면 긴장할 수밖에 없는 상황이었지만, 그래도 그게 광장 한복판의 모습이었다.

"자, 곧 연결 들어갑니다."

류규열 선배에게 말한 것인데, 나를 둘러싼 시민들이 '스탠바이'를 했다. 글씨가 잘 보이게 팻말을 제대로 들었는지 살피고, LED 촛불 스위치를 켰다. 주변에 있던 몇몇 사람들은 "뉴스 망치지 않게 잘해"라고 말하기도 했다. 보기 드문 광경이었다.

드디어 온에어.

"지금 보면 굉장히 많은…… 주로 어린이들이네요. 많이 모여 있는데 일단 그곳 분위기 전해주시죠."

예상치 못한 화면에 전진배 앵커도 약간 웃음을 참는 듯한 목소리였다.

"네, 지금 이렇게 가족 단위로 온 어린 자녀들이 제 주변으로 있고요. 계속해서 많은 시민들이 광화문광장에서 광화문 쪽으로,

그러니까 청와대 방면으로 이렇게 행진하고 있습니다. 상당히 많은 시민들이 있기 때문에 앞으로 걸어가기가 조금 불편하기는 합니다만, 그래도 비교적 질서를 유지하면서 걸어가고 있습니다."

— 2016년 12월 3일, JTBC 〈뉴스룸〉

출근길 만원 지하철에 서 있는 것처럼 어깨를 비비며 중계를 이어나갔다. 중계를 하는 도중에 내 왼쪽에 있던 초등학교 6학년쯤 되어 보이는 남자아이가 불쑥 얼굴을 들이밀었다. 기어코 이 녀석이. 중계를 마치고 카메라 조명이 꺼지자 주변에서 함께 걷던 시민들이 일제히 박수를 치며 "JTBC 파이팅!"을 외쳤다. 목례를 하며 길가로 나왔다. 차고 있던 마이크를 정리했다. 나와 류 선배 점퍼 주머니에서 핫팩, 초코파이 같은 게 나왔다. 중계 전까진 없었는데 옆에 있던 시민들이 넣어준 모양이다.

나중에 중계 영상을 확인하니 고공 카메라로 우리를 내려다 찍은 장면이 인상 깊었다. 나와 카메라 주변으로 어린이들이 둥그렇게 둘러싼 모습이 흡사 등장만 하면 아이들이 포옹한다는 인기 캐릭터 뽀로로 같았다. 중계 직후 주변에서도 "너 무슨 뽀통령이라도 됐냐"는 우스갯소리를 들었다.

엄청난 인파 속에서 실수 없이 중계를 끝냈다. 카메라 워크도 완벽했다. 주변에서는 환호성이 들렸다. 뿌듯하고 조금은 우쭐했다. 그때 손석희 선배에게서 카카오톡 메시지가 왔다.

중계 고생했다. 방금 주변에 있던 사람들의 함성, 기운 잊지 말도록
해라.

맞다. 내가 우쭐할 일이 아니었다.

국회 앞 숨죽였던 한 시간

이미 박근혜 대통령 탄핵안 국회 표결 며칠 전부터 JTBC를 비롯한 방송사 중계차가 저마다 좋은 자리를 확보한 상태였다. 어떤 지상파 방송사는 국회의사당 잔디밭에 그럴싸한 야외 특별 스튜디오까지 짓고 있었다. 표결 하루 전 탄핵안 가결을 촉구하는 집회가 광화문이 아닌 국회 앞에서 열렸다. 비 오는 목요일 밤이었지만 국회 앞 도로가 가득 찰 만큼 많은 시민이 모였다. 저 멀리 국회의사당에 있을 의원 한 명이라도 더 우리의 목소리를 들어야 한다는 치열함 때문이었을까.

2016년 12월 9일, 아침부터 국회 정문 앞 좁은 인도는 이미 발 디딜 틈이 없었다. 국회의사당에서부터 바로 정면으로

313미터 떨어진 곳, 가로 60미터, 세로 10미터짜리 보행로에 시민들이 옹기종기 모여 국회의사당을 향해 소리치고 있었다. 매주 토요일마다 광화문광장과 청와대 앞에서 열린 촛불집회를 꾹꾹 눌러 국회 앞으로 가져다놓은 것처럼 빈틈없이 붐볐다.

국회대로를 건너 다시 현대캐피탈 본사 앞부터 여의도공원까지 뻗은 도로에도 마찬가지로 시민들이 광장을 만들었다. 전날 밤 탄핵안 가결 촉구 집회 이후 그대로 밤을 새우며 국회 앞을 지킨 사람들도 있었다.

한 온라인 커뮤니티 회원들이 국회 정문 옆에서 사람들에게 빵과 따뜻한 차를 나눠주기 시작했다. 정치적인 목소리를 활발하게 내는, 진보 성향으로 분류되는 커뮤니티였다. 이들의 화를 자극하려는 듯 빨간색 점퍼를 입고 '박근혜 대통령님 힘내세요!'라는 문구가 적힌 팻말을 든 남성이 주변을 맴돌았다. 춤을 추듯이 태극기를 흔들고 덩실거리며 시비를 거는 이 남성에게 커뮤니티 회원 한 명이 다가가 "빵 하나 드시고 힘내시라"고 말하자 주변에서 웃음이 빵 터져나왔다.

주변 건물 옥상에서는 무전기를 든 경찰 여러 명이 아래를 내려다보며 상황을 주시하는 모습이 보였다. 점심 시간이 되자 근처 고층 빌딩에서 오전을 보낸 직장인들이 우르르 빠져나왔다. 손에 커피 한 잔씩을 든 이들은 국회 앞을 지나며 인증샷을 남겼다. 직장인들이 다시 양치질을 마치고 자기 자리에 앉았을 무렵, 경찰병력이 순식간에 불어났다. 국회대로도 한 차선씩 통제되기 시작했다. 대부분 점심을 거른 채 국회 앞 인도에 모여 있던 사람들의 표정에도 긴장감이 엿보였다.

오대영 앵커 이가혁 기자, 앞에 깃발이나 플래카드를 보면 대통령 탄핵에 찬성하는 목소리가 많이 보이는데 그렇지 않은 보수 단체 회원들도 모여 있다고요?

이가혁 기자 네, 앞서 새누리당사 앞에서 박사모 회원들이 대통령 지지 모임을 갖고 있다고 전해드렸는데요. 이곳도 마찬가지 입니다. 제가 서 있는 이곳에서 서강대교 방면의 길 건너 인도를 보시면 탄핵 반대, 태극기를 볼 수가 있는데요. 보수단체들이 집회를 열어 박 대통령을 지지하는 목소리를 내고 있습니다. 물론 이곳의 상당한 시민들은 탄핵을 촉구하고 대통령의 즉각적인 퇴진을 요구하고 있긴 하지만, 일부 시민들은 찬성하는 목소리를 내고 있습니다.

지금 제 좌측을 보시면 노조, 교육단체, 각종 시민단체의 깃발을 볼 수가 있습니다. 이곳에는 노란 만장이 보이는데, 그중 하나를 읽어드리면 '탄핵하기 좋은 날'이라는 글귀가 적혀 있습니다. 이 만장은 어제 오후에 예술인들이 모여서 오늘 집회에 사용하기 위해서 500여 장을 만든 것 중 하나입니다.

─ 2016년 12월 9일, JTBC 〈뉴스특보 ─ 박근혜 대통령 탄핵 표결〉

뒤에 몇 마디 덧붙일 말이 더 있었는데 오대영 앵커가 급히 마무리하고 화면을 국회 본회의장으로 넘겼다. 의원들이 입장하기 시작했기 때문이다. 오후 3시 2분, 국회의장이 본회의 개의를 선언했다. 그렇게 담장 밖 시민들의 간절한 기다림도 시작됐다. 간간이 국회를 향해 "국민의 목소리를 들어라!", "가결! 가결!"을 외치는 시민들도 있었지만 대부분 들고 있는 스마트폰에 시선을 고정하고 있었다.

그리고 모두가 숨죽인 68분이 흘렀다. 오후 4시 10분.

"와!"

함성으로 알 수 있었다. 가결이었다.

보도국 단체 카카오톡 창에도 국회 담당 기자의 다급한 메시지가 올라왔다.

찬성 234, 반대 56, 무효 7, 기권 2입니다. 의장 마무리 발언 중.

순식간에 국회 앞은 쩌렁쩌렁한 환호성으로 가득 찼다. 콘서트장이나 축구장에서 들리는 함성과는 확실히 다른 느낌의 환희가 섞인 함성이었다. 한 청년은 홀로 서서 하염없이 눈물을 흘렸다. 별다른 구호를 외치진 않았지만 주먹을 쥐고 팔을 위아래로 힘주어 올렸다 내리면서, 입은 꾹 다문 채 계속 눈물을 흘렸다. 바로 옆에 서 있던 여성은 두꺼운 초록색 털실로 짠 목

도리로 얼굴 전체를 감싸고 이마에 손을 댄 채 어깨를 들썩였다. 단체로 온 듯한 누군가가 미리 준비해온 '탄핵을 축하합니다'라고 적힌 현수막을 펼쳤다. 태극기를 들고 있던 박근혜 대통령 지지자들은 어느 순간 국회 앞에서 보이지 않았다.

"대한민국은 민주공화국이다."

익숙한 멜로디가 울려 퍼지자 사람들이 두 발로 뛰며 환호했다. 현장에 있던 우리 취재진에게 엄지를 들어 보이는 시민들도 적지 않았다. 국회를 배경으로 인증샷을 남기는 시민들, 현장을 동영상으로 실시간 중계하는 1인 미디어 진행자들도 많았다. 다시 스튜디오에서 마이크를 넘겨받아 현장 분위기를 전했다. 그리고 중년 한 분을 섭외해 인터뷰를 했다. 떠들썩한 주변의 환호와 달리 차분하게 답변하는 내용이 인상적이었다.

"정말로 무겁고 엄숙한 마음으로 국민의 한 사람으로서 역사의 현장에 꼭 나와야겠다는 생각을 했습니다. 그동안 우리가 여러 가지로 민주주의의 역사를 이루지 않았습니까? 그 역사 속에서 우리가 아이들에게 부끄럽지 않은 나라를 물려주기 위해서, 대한민국을 지키기 위해서, 그런 심정으로 여기 나왔습니다.

국민의 뜻을 받든, 당연한 결과라고 생각합니다. 그렇지만 헌재 결정도 남았기 때문에 차분히 지켜보면서……. 아마 올바른 결정을 내려주리라 믿습니다. 국민의 한 사람으로서 기대하고 있습니다."

- 2016년 12월 9일, JTBC 〈뉴스특보 - 박근혜 대통령 탄핵 표결〉

국회 앞은 생각보다 빠르게 상황이 정리됐다. 광화문광장에서 열리는 문화제로 이동하자는 말이 나오면서였다.

이제부터 시작이다

국회가 대통령 탄핵안을 통과시킨 바로 다음 날에도 어김없이 사람들은 광장으로 모였다. 7차 촛불집회였다. 이날은 〈밀착카메라〉 취재를 위해 광장에 나갔다. 미리 잡은 특별한 주제는 없었다. 광장에 모인 사람들을 최대한 많이 만나보자는 생각이었다.

경복궁역사거리에서 청와대 방면을 향해 걸어가는 시민들 틈에서 홀로 걷고 있는 젊은 남성이 보였다. 손에는 '이제부터 시작이다'라고 적힌 하얀색 A4용지를 들고 있었다. 집에서 직접 문구를 인쇄했고 비가 올 것을 대비해 투명 비닐까지 덧씌워 가지고 나왔다고 했다.

"특별히 '이제부터 시작'이라는 구호를 준비하신 이유가 있나요?"

"어제 탄핵안이 가결됐죠. 이제부터는 우리 역시 한 번도 가본 적이 없는 길이잖아요? 그러니까 그런 길들을 서로 고민하고 자꾸 공론화하자는 의미를 담아봤습니다. 낯설지만 이런 길들이 많이 만들어져야 한다고 생각합니다."

평소 여러 번 생각을 가다듬어본 듯한 답변이었다. 만약 내가 길을 걷고 있는데 방송사 취재진이라며 기자가 다가와 마이크를 들이대면, 이렇게 소신껏 생각을 말할 수 있을까.

청와대 100미터 앞. 이제 더 이상 앞으로 나아갈 수 없는 곳에서 시민들이 옹기종기 모여 청와대를 향해 구호를 외치고 있었다. 어린 자녀에게 저쪽이 대통령이 사는 청와대라고 일러주는 엄마, 경찰은 비키라고 소리치는 청년이 보였다. 함성을 지르던 시민들이 순간 조용해졌다. 세월호 유가족 행진 차량이 인파를 뚫고 차벽 앞까지 들어온 것이다. 모여 있던 사람들 대부분 차가 잘 들어갈 수 있게 자리를 내주자며 길을 텄다. 차량 뒤로 파란색 대형 고래 풍선도 들어왔다. 고래 네 귀퉁이에 각목을 받친 걸 사람들이 들고 광장에서부터 행진해온 것이었다. 꼬리 쪽의 각목을 들고 있는 남학생에게 물었다.

"학생은 고래 행진에 어떻게 참가하게 된 거예요?"

"그냥 촛불집회 참가하러 왔는데 세월호 유가족 분이 도와줄 수 있겠냐고 해서 오늘 하루 고래를 들게 됐어요. 저도 배에 탔던 학생들이랑 나이 차이도 별로 안 나서 뜻깊을 것 같아서요."

누군가는 즉흥적으로, 그러나 대부분 따뜻한 마음을 갖고 행진에 참여하고 있음을 느낄 수 있었다.

미국의 트럼프 대통령이 대선에서 썼던 구호를 활용한 재치 있는 팻말을 든 대학생도 있었다. 앞면에는 'F**K OFF, Make Korea Great Again'을, 뒷면에는 'Lock Her Up'이라고 적은 커다란 팻말을 두 팔 벌려 높이 들고 차벽 앞에 서 있었다.

"4만 원어치 재료를 사서, 새벽 4시까지 여덟 시간 동안 만들었어요."

다시 청와대 앞을 빠져나와 통인시장 방면으로 걸었다. 한 카페 건물 벽면에 걸린 큰 걸개가 인상 깊었다.

어둠은 빛을 이길 수 없다. 거짓은 참을 이길 수 없다.
진실은 침몰하지 않는다. 우리는 포기하지 않는다.

어느덧 익숙해진 노랫말. 카페 이름이 적힌 간판까지 아예 가려져 있는 것으로 보아 카페 주인이 통 크게 허락한 것 같았다. 카페 앞에서는 세월호 엄마, 아빠들이 촛불집회 참가자들에게 핫팩과 따뜻한 차를 나눠주고 있었다. 말총머리를 한 카페 주인은 "저희 가게만이 아니라 이쪽 안 골목의 많은 가게가 시민들을 돕고 있어요"라며 한사코 인터뷰를 고사했다.

"이렇게 탄핵안 가결 다음 날도 청와대 앞에선 시끄럽고도 질서 있는 밤이 깊어갔습니다.

끝날 때까지 끝난 게 아니다. 시민들은 '이제 시작'이라고 입을 모았습니다. 이른바 '세월호 일곱 시간'을 비롯한 수많은 의혹들이 그대로 남아 있고, 시민들은 이 의혹의 당사자들도 보통 사람들처럼 마땅히 법의 심판을 받아야 한다고 요구하고 있습니다.

그리고 어쩌면 이 당연한 목소리를, 시민들은 이제껏 그래왔듯 이 광장의 방식대로 질서 있게 표출하고 있습니다."

– 2016년 12월 12일, JTBC 〈뉴스룸〉

집회 취재와 중계를 마치고 모두 모이라는 캡의 공지가 내려왔다. 모임 장소는 광화문광장에서 멀지 않은 이탈리아 음식점. 그 자리를 마련한 사람은 손석희 선배였다. 그동안 광장 취재에 투입된 기자 대부분은 허겁지겁 빵이나 김밥으로 저녁을 때울 수밖에 없었다. 아예 거르는 경우도 적지 않았다. 이런 취재팀을 격려하기 위한 자리였다. 식사를 마치고 다 같이 건물 밖으로 나설 때 보니 손 선배는 야구 모자와 점퍼 차림이었다. 누군지 알아차리기 쉽지 않아 보였다.

진정한 고수

"경찰도 만일의 사태를 대비해 곳곳에 병력을 배치한 상태입니다."

"다행히 지금까지는 물리적 충돌이 있었다는 소식이 파악된 것은 없습니다."

촛불집회 중계를 하며 으레 사용했던 표현이었다.

광화문광장에서 걸어온 시민들이 경복궁역사거리 앞 경찰차벽에 가로막혀 더 이상 행진하지 못하는 상황이 벌어졌다. 한 젊은 남성이 경찰버스 지붕으로 올라갔다. 아래 있던 시민들이 하나같이 외쳤다.

"내려와! 내려와!"

경찰버스 지붕 위에서 호기롭게 무언가를 보여주려는 듯했던 이 남성은 겸연쩍은 표정으로 경찰 손에 이끌려 버스 아래로 내려왔다. 그렇다고 행진을 가로막은 경찰 차벽을 시민들이 무조건 받아들인 것은 아니었다. "열어줘"라는 거친 구호는 이어졌다. 하지만 시민들이 울분을 토하는 대상은 눈앞에 서 있는 경찰 청년들이 아니라 그 너머에 있는 청와대였다.

어쩌면 그 '만일의 사태'라는 것은 경찰이나 언론이 만들어낸 것이 아닐까 하는 생각이 들었다. 적어도 이번 촛불집회에서는 그랬다.

4차 촛불집회에서는 꽃 스티커가 등장했다. 한 예술작가가 처음 제안했고, 이후 크라우드펀딩으로 모인 돈으로 준비된 알록달록한 꽃무늬 스티커였다. 경복궁역사거리에서 배포된 이 꽃 스티커가 집회 분위기를 바꾸었다. 시민들은 경찰버스를 마구 두드리던 손으로 꽃무늬 스티커를 붙였다. 경찰버스 차벽은 꽃무늬 차벽으로 바뀌었다.

늦은 밤 경찰 차벽에 막혀버린 행진 대열이 할 수 있는 것은 많지 않았다. 그때 모인 시민들이 할 만한 것이 바로 자유발언이었다. 규칙은 있었다. 취객이 아닐 것, 욕설을 하지 말 것, 다음 발언자를 위해 길게 하지 말 것 정도였다. 용감하게 무대에 올라 마이크를 잡은 시민 중에는 상당한 내공을 뽐내는 경우가 많았다.

그중 2016년 11월 19일 경복궁역사거리에서 들은 한 남성

JTBC, 수고 많으십니다

의 자유발언이 가장 기억에 남는다. 자정이 가까운 토요일 밤, 핫팩이 없으면 마이크를 오래 잡기 힘들 정도로 공기는 차가웠다. 그런 추위를 잊게 만들 만큼 좌중을 웃겨준 명연설이었다.

안녕하십니까. 애들 교육업을 하고 있는 정○○입니다. 반갑습니다. 저는 앞의 대학생이나 그 전의 어머니처럼 말을 잘하지는 못합니다. 애들을 가르치긴 하지만 제가 가르치는 건 아니고 선생님이 가르치기 때문에. 저는 고졸입니다. 그리고 친구도 그렇게 많지 않아서 연설문도 안 써줬습니다. 일단 양해의 말씀 부탁드립니다. 저는 정말 미안하고 정말정말 미안해서 이 자리에 나왔습니다. 세월호가 터졌을 때 진짜 가슴 아프게 울었건만 금방 저는 먹고살기 힘들어서 다 잊고……. 참 그랬습니다. 미안합니다. 내가 너희를 잊었다. 정말 미안합니다! 고맙습니다. 어쨌거나 정말 이렇게 많은 분들이 용서를 해주신다니 앞으로 조금만 더 미안해하고 그만하도록 하겠습니다.

폭소를 터뜨리던 시민들은 세월호 이야기가 나오자 숙연해졌다가 이내 무대를 향해 "괜찮아"를 외쳤다.

그리고 두 번째 미안한 것. 저쪽 의경들, 방패 들고 서 있는. 내가 저분들 욕했습니다. 많이 이 씨. 아, 욕은 하지 말라고 거기

종이에 써 있는데 제가 욕을 할 뻔했네요. (시민들 폭소)

근데 쟤네들이 무슨 죄가 있겠습니까? (시민들 "맞습니다!" 함성) 쟤네들도 여기 서서 촛불 들고 박근혜 퇴진하라고 외치고 싶지 않겠습니까! ("맞습니다!") 우리 쟤네들은 미워하지 맙시다. 우리 쟤네들이랑 싸우지는 맙시다. 우리 언제까지나 비폭력으로 평화적으로 그렇게 시위합시다.

처음에는 마음 편히 무대를 바라보던 시민들이 점차 이 남성에게서 눈을 떼지 못했다. 한 마디 한 마디에 "맞습니다!"라고 크게 외치는 장면이 마치 대형교회 유명 목사의 목회 장면을 보는 듯했다.

그리고 세 번째. 제 옷에 촛농 흘리고 가신 분. 이거 여자친구가 사준 건데……. (시민들 폭소) 욕했습니다. 그런데 그럴 수 있다고 생각합니다. 제가 올라와서 보니 미안합니다. 그분도 제가 용서하겠습니다. 세탁비는 제가 부담하겠습니다. 별거 아닌데 환호성 질러주시니 감사해요. 그리고 우리나라가 언제부터 이렇게 편의점 국가가 되었습니까?

환호하던 시민들이 잠시 고개를 갸우뚱거렸다. 하지만 이어지는 말에서 의미를 알아챈 시민들의 함성은 몇 배나 더 커졌다.

1+1이에요. 하나를 샀는데 하나가 더 왔어요. 콜라를 샀더니 환타를 주네? 그리고 무슨 결정을 할 때마다 콜라가 말하기를, '야, 가서 환타한테 컨펌받고 와라'. 우리나라가 편의점 국가입니까? 편의점이 많다고 해서 우리나라가 편의점 국가입니까?

시민들은 "아니오!" 하고 외쳤다.

우리나라는 편의점 국가가 아닙니다. 물론 여러분이 편의점에 들어가서 다 1+1을 사신다는 것은 알고 있지만, 저도 그렇지만, 대통령은 1+1으로 뽑지 않았습니다!

이날 발언 영상은 온라인에 수십 건 올라오고 '레전드 명연설'이라는 수식어가 붙을 정도로 인기를 끌었다. 분노를 웃으면서 말할 수 있는 것, 그건 정말 고수의 경지였다. 그때 경복궁역 앞에 모인 사람들이 고수라면 고수였다.

광장에 모인 이들의 유형

광화문광장 주변에는 이른바 '핫플레이스'가 많다. 대형 서점, 예술 전시관, 골목 곳곳 오래된 맛집에다 최근 광장과 바로 인접한 지점에 새로 지어진 고층 빌딩에는 인증샷은 필수라는 트렌디한 맛집들이 층층이 들어서 있었다. 교통까지 편리하다보니 토요일 모임을 갖기에 좋은 장소였다. 그래서인지 촛불집회가 열리는 토요일에도 어김없이 광장 주변에서는 결혼식, 동창회, 세미나가 열렸다.

한번은 군 시절을 함께 보낸 선·후임들이 오랜만에 종각에서 모임을 갖고 우리 중계차까지 나를 찾아온 적이 있었다. 모임에 나가지 못해 서운했는데, 그리운 얼굴들을 이렇게 만나니 다른 곳에서 볼 때보다도 반가웠다.

이렇듯 광장에 모인 사람 모두가 꼭 정치적 신념으로 무장하고 '집회에 가야지!'라는 마음으로 참가한 것은 아니었다. 일상을 살아가며 자연스럽게 광장으로 흘러 들어온 경우도 많았다. 근처 결혼식에 왔다가 정장 차림 그대로, 동창회를 마치고 살짝 취기가 오른 채로, 데이트를 겸해서 함께 손잡고 광장을 찾았다. 광장을 찾은 시민들의 유형을 보면 대충 다음과 같이 나눠볼 수 있었다.

• 모임참가자형: 함께 사회부 막내 시절을 보내 각별해진 동기의 결혼식 장소가 하필 광화문광장과 시청광장 사이에 있는 한국프레스센터였다. 촛불시민(광화문광장)과 친박시민(시청광장)의 경계선에 위치한 곳에서 결혼을 하게 된 것이다. 물론 이 동기가 결혼 날짜를 잡고 식장을 예약할 때만 해도 촛불집회는 커녕 최순실이란 이름조차 잘 알려지지 않았을 때였다. 축가를 불러달라고 요청받은 나 역시 촛불집회 중계를 해야 할 것이라고는 상상도 못 한 채 승낙했다. 나와 같은 기동팀이자 반주를 하기로 한 후배 최규진 기자 역시 마찬가지였다. 매주 열리는 촛불집회를 보면서 "그날 하루만 집회를 안 할 리는 없겠지?"라고 농담처럼 말하곤 했다. 그리고 결혼식이 열리던 날, 나와 규진이는 어김없이 광화문광장과 경복궁역사거리에서 각자 취재를 하다 결혼식 시작 시간에 맞춰 프레스센터로 갔다. 파란

색 회사 점퍼는 잠시 벗어둔 채 축가를 마치자마자 다시 광장으로 나섰다. 결혼식 스테이크는 포기한 채. 노래를 부르기 전, 하객들에게 농담으로 이런 멘트를 한 기억이 난다.

"오늘 결혼식을 축하하기 위해 밖에 많은 시민들이 촛불과 태극기를 들고 나와주셨네요."

그 동기한테 들어보니 "낮에 노래 부른 사람이 저녁에 뉴스에 나오더라" 하고 말한 집안어른이 계셨다고 한다. 하객 중에 적지 않은 수가 '광화문까지 온 김에' 촛불집회에 나서기도 했단다.

이렇게 광장 주변에서 행사나 모임을 마친 사람들이 촛불집회와 행진에 자연스럽게 합류했다. 조금 불편해 보일 정도로 정장을 갖춰 입은 부류가 그랬다. 인터뷰를 하면 어김없이 "근처에서 모임이 있었어요!"라고 답했다.

• 1인미디어형: 광장에 모인 사람 모두가 미디어였다. 스마트폰으로 무장한 시민들은 현장 곳곳을 생생하게 다른 사람들에게 전했다. 촛불집회가 시작되면 어김없이 포털사이트 검색어에는 '광화문'이 올라왔다. 취재를 하는 나도 덕을 톡톡히 봤다. 시민들로 가득 차 도저히 이동할 수 없는 상황에서는 다른 이들이 페이스북이나 유튜브 라이브 중계를 하는 영상을 보면서 상황을 파악했다. 인파를 뚫고 앰뷸런스가 출동한 현장, 서

로 의견을 달리하는 시민들이 드잡이하는 현장, 골목길에서 소규모로 열리는 자유발언대 모습을 생생하게 지켜볼 수 있었다. 중계 직전에 카메라기자와 동선을 맞춰보고 있는데, 자신이 유튜브 생중계 중인 스마트폰을 들이밀며 즉석 인터뷰를 요청하는 시민도 있었다. 광장의 함성이 온라인으로 퍼져나갔다는 말이 그냥 비유적으로 나온 것이 아니었다.

실시간 중계만 있었던 것은 아니었다. 느린 미디어도 있었다. 이번 주 광장을 찾았던 사람이 다음 주에는 친구를 데리고 나왔다. 소문난 맛집의 비결은 '입소문'이라고 했던가. 광장에 가보니 스트레스가 풀리더라, 생각보다 불편하지 않더라, 이런 말이 퍼졌다. 광장의 열기는 입소문 마케팅의 성공 사례일 수도 있겠다.

• 은폐엄폐형: 주로 집회에 참가할 경우 불편을 겪을 정도로 유명한 사람이 은폐엄폐형에 해당한다. 소셜미디어에 유명 연예인이 모자와 마스크로 무장한 채 촛불집회에 참여한 사진이 올라와 화제가 되기도 했다. 광장에서 유독 얼굴을 많이 가린 사람 중 왠지 모르게 분위기가 남다른 사람은 얼굴 쪽을 최대한 자세히 들여다보기도 했다. 그러나 연예인을 직접 볼 수는 없었다.

꼭 유명한 사람이 아니더라도 은폐엄폐가 필요한 경우가 있었다. 사전 취재를 위해 여기저기 촬영하거나 인터뷰 섭외를 하다보면 "저 방송에 나가면 안 돼요"라며 얼굴을 푹 숙이는 사람들이 있었다. 광장에 나오면 안 되는 상황임에도 불구하고, 근질근질한 기분을 참을 수 없어 용감하게 나온 사람들이 이런 유형이었다. "저희 아빠는 친박집회에 나가신단 말이에요. 저 촛불집회 나가는 거 알면 혼나요"라는 '가족 분란 우려형', "저 지금 사무실에서 일하다가 몰래 나온 거예요"라는 '주말 근무 땡땡이형' 등이다. 이들의 유쾌한 대답에 나와 카메라기자도 웃으면서 마이크와 카메라를 거둘 수밖에 없었다.

• 온가족형: 아빠가 되고 나서 아기와 함께 외출하는 것이 만만치 않음을 잘 알게 됐다. 그리 멀지 않은 곳에 갈 때도 아기가 똥을 눌 것에 대비해 물티슈와 기저귀, 그리고 뒤처리한 것들을 담을 비닐봉투를 챙긴다. 아직 입에 대고 마시질 못하니 빨대도 챙기고, 갑자기 추워질 것에 대비해 얇은 담요도 챙긴다. 여기에 외출 시간이 끼니때와 겹치면 아기 이유식, 까까 몇 개와 주스까지 챙긴다. 아기 가방에 공간이 허락하면 비타민 젤리, 그림책, 인형도 몇 개 넣는다.

이걸 알고 나서 광장을 바라보니 아기 띠를 매고 온 사람들을 존경의 눈으로 바라볼 수밖에 없었다. 아기휴게실이 잘 갖춰진 백화점이나 대형마트를 갈 때도 '돌발 상황'이 벌어져 난

처할 때가 많은데, 북적북적한 광장에 아기를 데리고 나오는
건 어지간한 열정이 아니라면 쉽지 않기 때문이다.

초등학생쯤 되어 보이는 자녀를 데리고 나온 부모도 많았다.
아이와 함께 인터뷰에 응해준 한 어머니는 "그냥 학원에 가는
것보다, 직접 몸으로 체험하고 느끼는 게 참된 교육 같아서 이
렇게 오게 됐습니다"라고 말했다. 그러고 보니 내 부모님도 매
주 빠짐없이 광화문광장을 찾았다. 어떤 날은 중계차까지 와서
내게 인사를 하고 가시기도, 어떤 날은 다녀가신 줄 몰랐는데
멀리서 아들을 찍은 사진을 카카오톡으로 보내놓고 가시기도
했다. 따지고 보면 나도 온가족형에 속한다고 볼 수도 있다.

고강도 트레이닝 현장

방송기자 입장에서 보면 광장은 아주 좋은 트레이닝 현장이기도 했다. 광장은 방송을 하기에 좋지 않은 조건을 완벽히 갖추고 있는 곳이다. 야외다 보니 날씨에 영향을 받고, 진득하게 앉아서 기사를 쓸 만한 장소가 없다는 것 정도는 다른 취재 때도 비슷했다. 그러나 엄청난 주변 소음은 당해낼 수가 없었다. 넓은 광장 곳곳에 설치된 대형 스피커와 시민들의 함성 소리 때문에 스튜디오에 있는 앵커의 목소리가 제대로 들리지 않을 때가 많았다. '인이어'라고 불리는 이어폰을 통상 한쪽 귀에만 끼는데, 광장에선 양쪽에 다 끼어야 했다. 여기에 특수 고정 장치로 귓구멍 안쪽으로 인이어를 바싹 밀어 넣어도 어쩔 수 없을 때가 있었다. 앵커가 질문하는 타이밍에 때마침 무대에서 "청와대를 향해 5초간 함성!"을 외치기라도 하면 그냥 알아서 앵커의 질문이 끝났을 것이라 예측하고 답변하는 수밖에 없었다. 반대로 인이어 볼륨을 최대로 올렸다가 갑자기 주변이 조용해져 오히려 고막이 터질 듯 고통스러웠던 적도 있다.

현장 상황이 계속해서 변한다는 점도 취재진을 당혹스럽게 하는 요소였다. 검찰 관계자들이 기자들에게 흔히 하는 말 중에 "수사는 생물과 같아서 현 상황에서 뭐라 말씀드리기 어렵다"라는 표현이 있다. 광장이야말로 팔딱팔딱 살아 숨 쉬는 생물과도 같았다. '박근혜 정권 퇴진 비상국민행동'이라는 행사 주최 측이 짜놓은 행사계획표가 있기는 했다. 하지만 어디까지나 큰 틀에 불과했다. 계획표대로 시간이 딱딱 들어맞지 않을 때가 많았다.

주최 측이 마련해놓은 세종대왕 동상 앞 무대가 중심이긴 했지만 광장 곳곳에서 시민들은 나름의 방식으로 자유롭게 자체 행사를 벌였다. 등산을 갔다가 등산복 차림 그대로 광장에 들른 산악회 회원들, 촛불집회 한번 가보자며 동창회를 일부러 광화문 근처로 잡아 식사를 마친 뒤 광장으로 나온 머리 희끗한 동창생들도 광장의 일원이었다. 이렇게 다양한 사람들이 모인 공간에서 하나의 계획을 세워놓고, 그게 지켜지길 바라는 것이 어쩌면 무리일지 모른다. 계획될 수 없는 공간에서, 촛불집회가 큰 사고 없이 평화롭게 스무 번 넘게 거듭된다는 것은 기적 같은 일일 것이다. 그런데 그 기적이 현실이 됐다. 미리 중계 원고를 작성해놓지만 시시각각 바뀌는 현장 상황을 보며 즉석에서 원고를 수정하고 내용을 덧대야 하는 경우가 많았다. 큰 방송사고가 없었던 것도 광장의 기적만큼이나 기적이었다.

방송사고가 날 뻔한 일은 있었다. 2016년 11월 12일 3차 촛불집회에는 서울 도심에만 주최 측 추산 100만 명이 모였다. 서울시는 이날 하루 광화문광장 인근 열두 개 지하철역의 하차 인원이 86만 4,596명이라고 발표했다. 전세버스, 시내버스, 도보 이용객 등을 합치면 주최 측 추산 인원수가 크게 부풀려진 것은 아니라고 보는 게 합당했다. 이런저런 통계를 대지 않아도 아무튼 '처음 보는 엄청난 인파'였다. JTBC는 저녁 8시 〈뉴스룸〉이 끝나고 드라마 방영 후 다시 밤 10시부터 〈뉴스특보〉를 편성해 집회 상황을 계속 보도하기로 했다.

보도국에서 메신저로 지시가 내려왔다.

페이스북의 〈소셜라이브〉를 진행하고 있는 이선화, 임지수 기자가 라이브 마치는 대로 중계차에 있는 이가혁과 합류할 예정. 이가혁이 현장 앵커가 되고 나머지 두 기자까지 쓰리샷으로 카메라 잡아서 현장에서 느낀 내용을 차분하게 전달하도록.

광장 한복판에 있는 후배 이선화 기자와 임지수 기자에게 지시 내용을 전해야 하는데 전화가 제대로 터지지 않았다. 어렵게 전화가 연결됐을 때는 주변 소음 때문에 통화를 할 수가 없었다.

"카톡으로 할게. 카톡 확인해."

가까스로 두 후배에게 특보 시작 20분 전에는 중계차로 와야 한다고 전달했다. 중계 원고를 정식으로 작성하지는 못하더라도 사전에 어떤 말을 할 것인지 서로 조율할 시간이 필요했다. 그러나 예상치 못한 문제가 발생했다. 이날은 사람이 많아도 너무 많았다. 이미 행진으로 많은 사람들이 청와대 쪽으로 움직였지만 광장은 여전히 붐볐다. 이 때문에 두 후배 기자가 인파를 뚫고 KT 사옥 앞 중계차까지 여유 있게 올 수가 없게 됐다.

〈뉴스특보〉 시작 20분 정도를 남겨두고 두 후배가 중계차에 가까스로 도착했다. 헝클어진 머리, 지친 표정. 마치 긴 고난의 행군을 마치고 온 얼굴 같았다. 이미 조목조목 합을 맞춰보기에는 늦어버린 시간. 내가 두 후배에게 할 수 있는 말은 "오늘 취재한 것 있는 그대로 편하게 말해" 정도가 다였다.

임지수 기자 오늘 가장 큰 특징 중 하나가 다양한 구성원일 겁니다. 연령층으로 봐도 오늘 휴일인데도 불구하고 교복을 입고 온 10대들도 많았습니다. 중고등학생들도 이 사태에 대해서 관심을 가지고 있다, 여기에 대한 우려를 표하고 있다는 목소리를 내고 싶다는 표시일 텐데요. 그런 10대부터 시작해 집회의 주축을 이룬 20~30대, 머리가 희끗희끗한 할머니, 할아버지들까지 다양한 구성원이 모여 촛불을 들었습니다. 뿐만 아니라 몸이 불편하신 분들은 전동 휠체어를 타고 자리를 지키면서 함께 함성을 지르시기도 했고요. 특이했던 점이, 외국인들도 많이 볼 수 있었습니다. 함께 촛불을 들고 행진하는 모습을 볼 수 있었는데《뉴욕타임스》의 만평, 이번 최순실 게이트를 다룬 만평에서 볼 수 있었듯이 외신에서도 많이 다루다보니까 외국인들도 어느 정도 지금 사태에 대한 이해를 하고 있는 모습이었습니다. 그래서 정말 다양한 구성원들이 한국 사회의 현실을 우려하고 변화를 촉구하는 목소리를 함께 내주셨습니다.

이가혁 기자　저는 이번 집회를 계속 취재하면서 인상 깊었던 게 과거에는 촛불을 들고 구호를 외치는 정도였다면 지금은 촛불을 준비하지 않은 시민들도 스마트폰 불빛이나 태블릿 PC의 불빛을 이용하고요, 태블릿 PC에 문구를 적기도 하고…… IT기기를 많이 활용했다, 이런 것도 특징이라면 특징으로 꼽을 수 있겠습니다. 이선화 기자는 오늘 취재하면서 특징이라고 생각했던 점이 있다면 뭐가 있을까요?

이선화 기자　일단 지난주 집회와는 다르게 유명 연예인들이 많이 참가한 게 색달랐다고 볼 수 있을 것 같습니다. 오늘의 경우, 오후에는 방송인 김제동 씨가 무대에 두 번이나 올라와 발언했고요. 방송인 김미화 씨도 함께 참여했습니다. 특히 밤 9시 반에는 가수 이승환 씨가 음악공연을 펼치기도 했었는데요, 이승환 씨의 경우에는 집회가 열리기 전에 가수 이효리 씨, 전인권 씨와 함께 〈길가에 버려지다〉라는 곡을 발표하기도 했습니다. 국민들을 위로하는 곡이었는데요, 곡도 부르고 뮤직비디오도 틀어주고 각종 음악공연을 펼치면서 이곳이 집회 현장이 아니라 이승환 씨의 콘서트장 같은 분위기를 연출했습니다. 그래서 집회에 처음 참가한 시민들도 낯설지 않게, 친숙한 분위기로 함께 즐기는 자리였던 것 같습니다.

이가혁 기자 오늘 팻말이나 구호도 독특한 게 많았습니다. 박근혜 대통령의 발언을 풍자하는 의미인지는 몰라도 '사퇴를 해야지, 사과를 하느냐'는 말도 많았고, 패러디 영상물이 시민들의 많은 호응을 받기도 했습니다. 이곳 광화문은 아까 말씀드린 대로 계속해서 시민들의 발길이 이어지고 있습니다. 오히려 시간이 늦었는데도 떠나지 않는 분위기인데요. 오늘 밤 늦게까지도 계속해서 많은 분들이 자리를 지키고 집회를 이어갈 것이라는 관측이 나오고 있습니다. 다시 스튜디오 나와주시죠.

- 2016년 11월 12일, JTBC 〈뉴스특보〉

골프 중계나 축구 중계 때 사용하는 포터블 위성카메라도 동원됐다. 카메라에 달린 무선 위성신호기가 중계차로 영상을 전송하면, 중계차가 위성으로 보도국에 영상을 전송하는 시스템이었다. 광장 곳곳을 살피며 중계할 수 있었다. 임지수 기자와 포터블 카메라로 세종문화회관 앞에서 상황을 전달할 때였다. 마침 주변에서 시민들이 쓰레기를 자발적으로 치우고 있어, 이 모습을 꼭 소개해야겠다 싶었다. 카메라 조명이 켜지자 주변으로 시민들이 모였다. 나와 지수가 쓰레기를 치우는 시민들을 배경으로 위치를 잡았다. 그때 청년 몇 명이 나섰다.

"어, 저렇게 쓰레기가 널려 있는 게 화면에 나오면 월요일 조간신문에서 욕먹어요. 얼른 치웁시다."

괜한 오해받으면 안 된다며 몇몇 시민이 합세해 쓰레기를 너무 빨리 치워버렸다. 준비한 멘트를 할 수 없게 된, 사고 직전의 상황이 된 것이다.

"집회 참가자들이 쓰레기 치우는 거 보여주려고 하는 거예요. 너무 빨리 치웠어!"

또 다른 중년 여성이 우리 쪽으로 다가와 청년들을 말렸다. 유쾌한 투덜거림이 이어졌다. 그 덕분에 일부 시민들이 조금 멀리 떨어진 쓰레기를 우리 뒤쪽으로 가져와 치우는 장면을 '연출' 해주었다. 다행히 중계는 무탈하게 끝났다. 우리가 오기 전부터 쓰레기를 치우고 있던 사람이나, 쓰레기가 널려 있는 모습이 찍히면 안 된다고 걱정한 사람이나, 카메라에 쓰레기를 치우는 시민들의 모습이 잘 촬영되도록 도운 사람이나, 모두 고마운 시민들이었다. 광장에서는 유독 더 친절하고, 더 배려하고, 더 소통하는 사람들이 많았다. 서로 공통점이 있다는 확신에서 비롯한 동질감, 그런 것이었다. 이런 분들의 도움 덕분에 큰 방송사고 없이 고강도 트레이닝을 견딜 수 있었다.

일촉즉발이라는 예측

헌법재판소의 탄핵 심판 선고를 앞둔 3·1절 집회는 일촉즉발이 예상됐다. 탄핵을 반대하는 친박집회가 오후 2시부터 광화문광장 바로 아래 세종대로사거리에서 예정돼 있었다. 불과 세 시간 뒤에는 광화문광장에서 촛불집회 본행사가 시작될 예정이었다.

세 시간의 시차가 있지만 광장에서는 이런 시간 계획이 무의미했다. 친박집회가 진행되는 동안 일찌감치 나온 촛불집회 참가자들도 광장을 메우고 있었다.

행진도 다르지 않았다. 태극기는 오후 2시 30분부터 오후 4시까지, 촛불은 오후 7시부터 청와대 방면으로 행진이 예정돼 있었지만, 이 역시 '주최 측'과 '경찰'이라는 틀 속에서 정해진 시간일 뿐이었다.

오후 3시, 나는 청와대와 가까운 청운효자동 주민센터 앞 사거리가 내다보이는 2층짜리 카페에 자리를 잡았다. 주변에는 무전기를 든 사복경찰, 기자로 보이는 노트북 청년, 그 밖에 젊은 커플 등 대여섯 명이 있었다.

"탄! 핵! 무! 효!"

멀리 희미하게 들리던 네 음절짜리 구호가 점점 또렷해졌다. 카페 안까지 쩌렁쩌렁 울릴 때쯤 창밖으로 태극기를 든 수백 명의 행진대열이 보였다. 청와대 방면으로 "박근혜 대통령님, 사랑합니다!", "탄핵 무효!" 같은 구호를 외치고 몇몇 인사들이 트럭 무대 위에서 마이크를 잡고 발언을 이어갔다. 그때 카페 2층으로 우르르 사람들이 몰려왔다. 태극기와 성조기를 든 집회 참가자들이었다. 모자와 코트 모두 진한 빨간색으로 맞춰 입고 있었다.

"여긴 따뜻하다. 내 말 맞지? 여기가 명당이야. 다 보이잖아."

"그러네. 이리로 쭉 더 가면 청와대인 거지?"

몇 개 남지 않은 테이블에 태극기를 든 친박집회 참가자들이 자리를 잡았다. 이들은 아래층에서 음료까지 사가지고 올라와 본격적으로 수다를 떨기 시작했다. 창밖으로 보이는 행진대열이 모두 빠지고 난 뒤에도 카페 안에 있던 친박집회 참가자들은 굳이 그 대열은 따라가지 않았다.

다시 사거리는 조용해졌다. 부슬비가 내리기 시작했다. 아직 어둠이 깔리지 않은 시각, 청운효자동 주민센터 앞 사거리에 하나둘 사람들이 다시 늘어나기 시작했다. 들고 있는 팻말로 한눈에 촛불집회 참가자라는 것을 알 수 있었다. 본격 행진시간 전 삼삼오오 구경 겸 행진을 하러 온 이들인 듯했다.

그때 촛불집회 참가자 몇 명이 카페로 들어왔다. 그들은 친박집회 참가자, 경찰, 나를 차례로 훑으며 빈자리를 찾았다.

"여기 빈자리 있다. 얘들아, 이쪽으로 와."

그리 넓지 않은 카페 2층에 촛불과 태극기, 그리고 경찰과 기자까지 나름 광장의 필수 구성요소가 모두 갖춰진 순간이었다. 중요한 것은 어떠한 충돌도 일어나지 않았다는 것. 길거리에서는 서로 비난했을지라도 청와대 행진대열이 가장 잘 보이는 이곳 명당 카페에서는 평화가 유지됐다. 꽃샘추위를 피할 수 있는 따뜻한 온기 때문이었을까. 아니면 커다란 창문으로 내려다보이는 풍경이 나름 낭만적이어서였을까. 그것도 아니면 원래 '일촉즉발'이라는 예측이 호들갑이었을까.

2017년 3월 10일 헌법재판소

꼭 수능시험 날 아침의 기분 같았다. 디데이만 바라보고 달려왔는데, 정작 그날이 되니 또 별것 아닌 하루가 시작된 느낌. 눈을 뜨자마자 겁도 나고 왠지 모르게 가슴이 벅차기도 했다. 오늘만 지나면 한시름 놓을 것 같으면서도, 혹시 잘못되면 어쩌지 하는 걱정이 드는, 그런 하루가 시작됐다.

오랜만에 정장을 꺼내 입었다. 와이셔츠 맨 위의 단추까지 채우고 넥타이도 챙겨 맸다. 목이 굵고 짧은 탓에 넥타이 매는 건 되도록 피하는 편이지만, 이날은 좀 그래야 할 것 같았다.

지하철 3호선 안국역에 내리자 긴장감이 엄습했다. 함께 내린 사람들도 대부분 기자 아니면 집회 참가자인 것 같았다. 저마다 비장한 표정을 하고 출구를 향해 터벅터벅 계단을 올랐다.

경찰은 '비상국민행동 1, 6번 출구, 탄기국 4, 5번 출구'라고 지하에서부터 친절하게 갈라놓았다. 헌재로 향하는 2번 출구는 벌써 경찰병력의 통제가 시작되고 있었다. 가까스로 올라오니 익숙한 군가와 알 수 없는 구호가 안국역사거리 전체에 울려 퍼지고 있었다. 이미 탄핵을 반대하는 친박집회 참가자들은 사거리 중 낙원상가 방면으로 가는 6차선 도로를 가득 메웠다.

경찰은 헌법재판소로 향하는 도로를 이미 전날 밤부터 완전히 봉쇄했다. 취재진임을 밝히고 경찰 차벽을 넘어 헌법재판소 앞을 살폈다. 주변 아주 좁은 골목까지 진압장비를 모두 장착한 경찰병력이 배치되어 있었다. 식당이나 카페는 문을 열긴 했지만 손님이 없었다. 문을 닫은 곳도 많았다. 유일하게 헌재 담장 옆으로 바로 붙어 있는 스타벅스만 손님으로 북적거렸다. 손님 대부분은 오늘 하루 헌재 앞 상황을 커버할 방송사, 신문사 기자들이었다. 노트북, 휴대전화 배터리와의 싸움에서 버티려면 현장과 가까운 카페만 한 곳이 없었다.

다시 안국역사거리로 나와 미리 섭외된 3층짜리 건물 옥상에 올라갔다. 헌법재판소와 안국역사거리가 한눈에 보이는 곳으로 오전 내내 현장 중계를 할 포인트였다. 친박 집회 참가자 중 일부가 JTBC 취재진을 폭행할 수도 있다는 우려 때문에 회사에서는 따로 경호업체 직원 세 명을 현장으로 보내주었다. 경호업체 직원은 옥상으로 올라가는 1층 계단과 옥상 출입문

바로 앞에 한 명씩 배치됐다. 다행히 그동안은 '만일의 사태'가 예상으로만 그쳤는데, 이날은 정말 일어날지도 모른다는 불안감이 극에 달했다. 회사로부터는 JTBC 파란 점퍼를 현장에서는 입지 말라는 공지도 내려왔다. 그만큼 악에 받친 위협이 극에 달해 있었다.

건물 2층에 있는 탐앤탐스 카페에도 의외로 사람들이 많았다. 손님들은 모두 사거리가 보이는 창문에 바싹 달라붙어 집회 모습을 살폈다. 금발의 외국인 커플은 연신 바깥 모습을 카메라로 찍었다.

"지금 사거리 중 세 개 도로에 차벽이 설치돼 있어 헌재 방면으로 향하는 통로를 막은 상태이고 골목길 곳곳도 통행을 막고 있습니다. 약 한 시간 전쯤부터는 차벽이 무너지지 않게 밧줄로 묶기 시작했고, 일부 병력은 차벽 뒤편 골목들에서 만일의 사태에 대비해 진압용 전투복을 착용한 상태로 지키고 있습니다."

– 2017년 3월 10일, JTBC 〈뉴스특보 – 대통령 탄핵 심판〉

중계를 마치고 짐을 풀어놓은 카페로 다시 들어왔다. 다음 중계는 선고 이후라 여유가 있었다. 실시간 검색어에는 '이정미'가 1위에 올라 있었다. 이정미 헌재소장 권한대행이 뒷머리에 헤어롤을 그대로 단 채 출근하는 모습이 화제가 됐기 때문이다.

오전 11시, 박근혜 대통령 탄핵 심판 사건 선고가 시작됐다. 카페는 모두 숨죽인 듯 조용해졌다. 외국인 커플만 빼곤 모두 노트북이나 스마트폰 화면만 응시했다. 바깥으로 나와보니 탄핵 반대 집회 무대에서 마이크를 든 누군가의 목소리가 이어졌다. 그들은 선고 생중계를 보지 않는 모양이었다. 결정문을 읽는 시간 내내 목소리를 높이며, 기필코 탄핵 기각을 이끌어내겠다는 마지막 몸부림을 치고 있었다.

다시 카페로 들어왔다. 스피커로 나오던 음악 소리도 일부러 줄였는지 거의 들리지 않았다.

"그러나 이 사건에 나타난 증거를 종합하더라도, 피청구인이 노 국장과 진 과장이 최서원의 사익 추구에 방해가 되었기 때문에 인사를 하였다고 인정하기에는 부족하고, 유진룡이 면직된 이유나 김기춘이 여섯 명의 1급 공무원으로부터 사직서를 제출받도록 한 이유 역시 분명하지 아니합니다."

순간 탄식이 여기저기서 흘러나왔다. 누군가 카페 내 모든 사람에게 말을 건네듯 크게 혼잣말을 내뱉었다.

"야, 뭐야, 이거 탄핵 안 되는 거 아니야?"

"그러나 이 사건에 나타난 모든 증거를 종합하더라도《세계일

보》에 구체적으로 누가 압력을 행사하였는지 분명하지 않고 피청구인이 관여하였다고 인정할 만한 증거는 없습니다."

또 혼잣말치곤 큰 목소리가 들렸다.
"와, 미치겠네."

"세월호 사고는 참혹하기 그지없으나, 세월호 참사 당일 피청구인이 직책을 성실히 수행하였는지 여부는 탄핵심판 절차의 판단 대상이 되지 아니한다고 할 것입니다."

각자 이어폰을 끼고 화면에 집중하던 사람들이 동시에 고개를 들어 주위를 살폈다. 그러고는 다시 고개를 화면 가까이로 푹 수그렸다.

"지금부터는 피청구인의 최서원에 대한 국정 개입 허용과 권한 남용에 관하여 살펴보겠습니다."

"지금까지는 다 안 된 거죠? 미치겠네. 이게 그래도 하나만 걸려도 탄핵되는 거죠?"
영화 〈아마겟돈〉을 보면 우주비행사 열네 명이 지구를 구하는 임무를 수행하기 위해 우주선에 탑승하러 이동하는 장면이 나온다. 그리고 펄럭이는 성조기 사이로 비장하게 우주선으로 걸어가는 장면 사이사이에 전 세계 사람들이 하던 일을 멈추고 두 손을 모은 채 간절하게 TV 중계를 바라보는 장면이 이어진다. 카페 안에 모인 사람들이 꼭 이런 모습이었다.

"지금까지 살펴본 피청구인의 법 위반행위가 피청구인을 파면할 만큼 중대한 것인지에 관하여 보겠습니다. 대통령은 헌법과 법률에 따라 권한을 행사하여야 함은 물론, 공무 수행은 투명하게 공개하여 국민의 평가를 받아야 합니다. 그런데 피청구인은 최서원의 국정 개입 사실을 철저히 숨겼고, 그에 관한 의혹이 제기될 때마다 이를 부인하며 오히려 의혹 제기를 비난하였습니다. 이로 인해 국회 등 헌법기관에 의한 견제나 언론에 의한 감시 장치가 제대로 작동될 수 없었습니다. 또한 피청구인은 미르와 케이스포츠 설립, 플레이그라운드와 더블루K 및 케이디코퍼레이션 지원 등과 같은 최서원의 사익 추구에 관여하고 지원하였습니다. 피청구인의 헌법과 법률 위배행위는 재임기간 전반에 걸쳐 지속적으로 이루어졌고, 국회와 언론의 지적에도 불구하고 오히려 사실을 은폐하고 관련자를 단속해왔습니다. 그 결과, 피청구인의 지시에 따른 안종범, 김종, 정호성 등이 부패범죄 혐의로 구속 기소되는 중대한 사태에 이르렀습니다. 이러한 피청구인의 위헌·위법행위는 대의민주제 원리와 법치주의 정신을 훼손한 것입니다. 한편 피청구인은 대국민담화에서 진상 규명에 최대한 협조하겠다고 하였으나 정작 검찰과 특별검사의 조사에 응하지 않았고, 청와대에 대한 압수수색도 거부하였습니다. 이 사건 소추사유와 관련한 피청구인의 일련의 언행을 보면, 법 위배행위가 반복되지 않도록 할 헌법수호 의지가 드러나지 않습니다."

몇몇이 박수를 쳤다. 창밖에서는 계속 태극기가 펄럭거렸고, 뭐라고 하는지 알아듣기 힘든 처절한 함성도 계속됐다.

"결국 피청구인의 위헌·위법행위는 국민의 신임을 배반한 것으로 헌법수호의 관점에서 용납될 수 없는 중대한 법 위배행위라고 보아야 합니다. 피청구인의 법 위배행위가 헌법질서에 미치는 부정적 영향과 파급 효과가 중대하므로, 피청구인을 파면함으로써 얻는 헌법수호의 이익이 압도적으로 크다고 할 것입니다. 이에 재판관 전원의 일치된 의견으로 주문을 선고합니다.
　피청구인 대통령 박근혜를 파면한다."

화면 속 카메라는 계속 이정미 재판관을 비추고 있었다. 보충의견을 읽는 듯했지만 주변의 함성 소리 때문에 자세히 들을 수는 없었다. 언론사 애플리케이션마다 탄핵 결정을 알리는 속보 알람이 쏟아졌다.

헌재 주변 분위기 현장 연결 준비해주세요. 준비되는 대로 들어갑니다.

카카오톡 메시지가 왔다. 결정문 낭독은 한 시간쯤 걸릴 것이란 예측이 지배적이었다. 11시에 시작했으니 12시쯤 스탠바이를 하면 되겠다 싶었는데 예상보다 빠른 21분 만에 선고가 끝났다. 큰일이었다. 서둘러 1층으로 내려갔다. 이미 경찰 차벽에 막혀 바깥 상황을 보기 힘들었다. 옥상으로 다시 올라가 안국역사거리를 살폈다. 헌법재판소 방면, 종로경찰서 방면, 낙원상가 방면, 창덕궁 방면 모두 상황이 제각각이었다. 차벽으로 진입이 완전히 막힌 헌법재판소 방면은 여전히 평온했다. 종로경찰서 방면에선 "이겼다"는 함성 소리가 들렸다. 상대적으로 인원은 많지 않았다. 낙원상가 방면이 문제였다. 군가는 끝났고 괴성에 가까운 절규가 대형 스피커를 타고 사방으로 퍼졌다. 통제가 느슨했던 창덕궁 방면으로도 탄핵 반대를 외치는 친박집회 참가자들이 모였다.

박성태 앵커 앞서 우리가 탄핵심판 전에 들었을 때는 탄핵 찬반 집회가 양쪽에서 있다고 들었는데요, 지금 분위기가 어떤지 취재기자를 연결해서 들어보도록 하겠습니다. 이가혁 기자! 지금

현재 앞 상황은 어떻습니까?

이가혁 기자 네, 저는 헌법재판소에서 직선거리로 130미터 떨어진 안국역사거리 한 건물 옥상에 나와 있습니다. 이곳에서 앞서 말씀드린 대로 친박집회 현장과 저 멀리 촛불집회 현장이 모두 관찰되는데요. 먼저 친박집회 상황을 전해드리면, 인용 결정이 나온 직후에는 오히려 정적이 흘렀습니다. 일부 여성 참가자들은 자리에 주저앉아서 울먹이는 경우도 있었고, 일부는 주차금치 푯말 같은 집기를 던지는 경우도 있었습니다. 지금은 사회자의 구령에 따라서 "취소", "우리는 대통령을 버리지 않았다" 등의 구호를 외치고 있지만 앞서 헌재의 결정이 나기 전보다는 함성 소리가 큰 상황은 아닙니다. 만일의 사태에 대비해서 경찰병력이 바쁘게 움직이는 모습이지만, 지금은 상황을 대기하고 있고, 다행히 큰 돌발 상황은 발생하지 않고 있습니다.

박성태 앵커 현재 분위기를 놓고 이제 우리가 해야 할 일은 갈등을 좀 없애고 각자의 주장에 대해 통합과 치유를 해야 한다는 얘기가 많았었는데, 현장에서는 그런 분위기가 좀 느껴집니까?

이가혁 기자 말씀드린 대로 친박집회 무대 위에서 발언하는 사회자의 말을 들어보면 여전히 "우리는 대통령을 보내지 않았다", "취소" 구령을 유도하는 등 아직까지는 지금의 상황을 부인하는 그런 분위기입니다. 하지만 말은 그렇게 하고 있어도 행동으로 옮기거나 과격한 상황이 연출되고 있진 않습니다. 앞서 촛불집회 현장도 관찰된다고 말씀을 드렸는데 촛불집회, 즉 탄핵 인용을 촉구하던 시민들의 상황을 전해드리면, 심판관 전원이 파면을 결정했다는 발언이 나오는 순간 스크린을 보고 있던 시민들이 환호를 하고 얼싸안으면서 눈물을 흘리는 경우도 있었습니다. 그리고 "이겼다", "구속"이라는 구호를 외치는 시민들도 볼 수 있었습니다. 하지만 지금 촛불집회 참가자들 역시 비교적 차분한 분위기를 유지하고 있는 상황입니다.

― 2017년 3월 10일, JTBC 〈뉴스특보 ― 대통령 탄핵 결정〉

옥상 중계를 마치고 노트북을 펴둔 아래층 카페로 잠시 내려왔다. 내 자리에 요거트 아이스크림이 하나 놓여 있었다.

"JTBC, 수고 많으십니다."

한 남성이 다가와 인사를 건네고 다시 자리로 돌아갔다.

선고 직후 비교적 평온했던 분위기는 오래가지 못했다. 안국역사거리 상황이 급격하게 악화됐다. 탄핵 반대 집회 참가자들이 경찰버스 위로 올라가 각목으로 경찰을 내리쳤다. 내가 있는 건물 바로 앞 도로에서는 웃통을 벗은 한 중년 남성이 과도를 자신의 목에 대고 자해 협박을 했다. 경찰병력은 내가 있는 옥상으로 올라와 연신 자해 소동을 내려다보며 바쁘게 무전을 주고받았다. 10여 분의 대치 후 경찰이 제압해, 다행히 이 남성은 다치지 않았다.

쩌렁쩌렁한 목소리로 계속 참가자들을 자극하는 무대 발언이 이어졌다. 여러 명이 돌아가면서 마이크를 뺏고 빼앗으며 산만하게 발언을 이어갔다. 마치 군대에서 악덕 상급자가 부하들에게 명령을 내리는 듯한 무대 발언도 있었다.

"이래 가지고 무슨 진격이야, 새끼들아. 명령에 따라야 할 거 아냐. 앞에서 떠들지 말고 빨리 가라고, 새끼야. 경찰버스를 넘겨야 갈 것 아냐."

오후가 되자 안국역사거리는 무질서 그 자체였다. 한마음 한뜻으로 모인 수많은 사람들을 통제할 사람이 친박 집회 무대 위에는 없는 듯했다. 경찰버스를 흔들고 차벽을 뚫어 헌법재판소 앞으로 가라고 무작정 계속 외칠 뿐이었다. 무엇보다 심각한 것은 안전에 대한 개념이 전혀 없어 보였다는 점이다. 무대 위에서 마이크를 잡은 사람들은 곳곳에서 사람이 쓰러지는데도 이런 상황을 파악하지 못한 채 발언만 이어갔다.

"여러분! 지금 또 한 명의 애국 시민이 쓰러졌다고 합니다! 젊은 장정들, 여기 서 있지 말고 헌재로 갑시다. 차벽을 뚫고 있습니다."

일부 참가자들이 무대까지 가까스로 다가와 사람이 다쳤다고 알리면 오히려 이 사실을 이용하기에 바빴다. 무대 위의 사람들은 얄미웠고, 무대 아래의 친박집회 참가 시민들은 가엾게 느껴지기까지 했다.

"현재까지 경찰과 병원 측에서 공식 확인된 사실은 친박집회 참가자 두 명이 사망했다는 겁니다. 현장에서 피를 흘리며 쓰러져 서울대병원으로 실려간 72세 남성이 머리에 큰 부상을 입고 병원에서 치료받던 중 숨졌습니다. 또 강북삼성병원으로 실려간, 아직 신원이 확인되지 않은 친박집회 참가자 한 명이 숨졌습니다. 이 밖에 119 구급대가 최소 5회 이상 현장에서 들것으로 부상자를 나르는 모습을 저희 취재진이 눈으로 확인할 수 있었습니다. 사상자·부상자 규모는 더 늘어날 것으로 보입니다. 왜 사망에 이르렀는지는 정확히 확인이 되는 대로 앞으로 보도에서 말씀드리도록 하겠습니다."

－2017년 3월 10일, JTBC 〈뉴스현장〉

이날 탄핵 반대 집회 참가자 두 명이 숨졌다. 이후 부상자 수십 명 중 두 명이 끝내 숨져 사망자는 모두 네 명으로 늘었다.

100만 개의 촛불. 광화문 광장 한복판 KT 사옥 앞에 자리 잡은 중계차 위에 오른다는 것은 특권과 다름없었다. 광장 인파 속에서 바라보는 것보다 더 넓게, 주변 빌딩 옥상에서 바라보는 것보다는 훨씬 더 가깝게 광장의 전체 모습을 생생하게 볼 수 있었다. 밤하늘의 별처럼 촛불 하나하나가 움직이며 반짝거렸다. (2016년 11월 12일)

촛불집회가 끝난 후의 광화문광장. 토요일에서 일요일로 넘어가는 자정 무렵, 광장은 다시 조용해졌다. 몇몇 시민들이 쓰레기봉투를 들고 자발적으로 거리를 청소하고 있다. 이들이 할 일을 마치면 서울시청 소속 물청소차가 아스팔트를 훑었다. 그렇게 깨끗해진 도로 위로 차가 서서히 다니기 시작했다. (2016년 11월 12일)

표결 전날 국회 앞. 국회 탄핵안 표결 며칠 전부터 방송사의 중계차 자리 맡기 경쟁이 치열했다. JTBC 중계차는 국회 바로 정면에 자리를 잡았다. 이날 탄핵안 가결을 촉구하는 집회는 광화문이 아닌 국회 앞에서 열렸다. 비 오는 목요일 밤이었지만 국회 앞 도로가 가득 찰 정도로 많은 시민들이 모였다. 저 멀리 국회의사당에 있을 의원 한 명이라도 더 그들의 목소리를 들어줬으면 하는 절박함 때문이었을까. (2016년 12월 8일)

목에 칼을 대고 자해 위협하는 남성. 헌법재판소가 박근혜 대통령 파면을 결정하자 안국역사거리 상황이 급격하게 악화됐다. 내가 있는 건물 바로 아래에서는 웃통을 벗은 한 중년 남성이 과도를 자신의 목에 대고 자해 협박을 했다. 경찰 병력이 옥상으로 올라와 연신 바쁘게 무전을 주고받았다. 10여 분의 대치 후 경찰이 제압해 다행히 이 남성은 다치지 않았다. (2017년 3월 10일)

아직 끝나지 않은 뉴스

당연히 헛발질도 많이 했다. 여기 소개하는 이야기도 무수한 실패의 기억 중 하나다.

2017년 2월 초, 보도국으로 제보가 접수됐다. 경남 창원 일대의 공사장에 인력을 공급하는 일을 하는 J씨는 자신이 최근 '공사장 동생'에게 들은 이야기를 전해주었다.

"K반장이라고 철근공인데, 얼마 전에 탄핵 반대 집회에 참가하려고 서울까지 다녀왔더라고요. 근데 걔 하는 말이, 그때 돈을 몇 만 원 받았다는 거예요."

J씨가 들은 내용은 꽤 구체적이었다.

"이 바닥에 있는 사람 중에 한 달에 200만 원 벌이도 못하는 경우가 많은데, 요즘같이 일 없을 때 돈 준다고 하는데 안 갈 사람이 어디 있겠느냐고요."

확인이 필요했다. 돈을 받고 서울에 다녀왔다고 지목된 당사자 K반장을 만나 이야기를 들어볼 필요가 있었다. J씨도 적극적이었다. 그는 K반장과 호형호제하는 사이니까 믿고 내려오라고 호언장담했다.

다음 날 오후, 후배 연지환 기자와 함께 마산역 앞 광장에서 J씨를 만났다. 거친 인상일 거라는 예상과 달리 수더분한 모습이었다. 그는 근처 막걸리집으로 우리를 이끌었다. J씨는 우리가 보는 앞에서 K반장에게 전화를 걸었다.

"일 마쳤으면 막걸리나 한잔하자. 지난번 거기로 와라. 뭐? 다른 자리가 있다고? 형님이 오랜만에 부르는데 한번 오지……. 알았다."

J씨는 K반장이 창원 이외에도 김해나 진주에 있는 공사현장까지도 자주 일을 나간다고 했다. 일과를 마치고 저녁 8시쯤 자신과 술 한잔하며 피로를 풀곤 했지만 이날은 하필 다른 일 때문에 못 온다는 것이다. 이미 서울로 올라가기엔 늦어버린 시간. 아, 또 모텔 신세인가. 이렇게 장기 출장이 시작되는 건가. 막걸리집 밖으로 나가 아내에게 전화를 걸었다.

"나야. 또 술 먹었어. 오늘 만나야 할 사람이 있는데 못 만나서 내일까지는 여기 있어야 할 것 같아……. 미안."

다음 날 저녁, 다시 J씨를 만났다. 이번엔 전날 갔던 막걸리 집과 가까운 곳에 있는 수육집이었다. J씨와 나, 지환이까지 세 명은 맞은편에 K반장의 자리를 비워놓고 좌식 테이블 앞에 앉았다. J씨는 오늘은 K반장이 올 거라고 장담했다.

잠시 후 식당에 나타난 K반장은 J씨 말대로 와일드한 인상이었다. 3센티미터 정도로 짧게 자른 스포츠머리에 다부진 체격이었다. 40대 중반이라고 들었지만 그보다는 나이가 더 들어 보였다.

몇 번의 건배와 어색한 대화가 오가다 자연스럽게 탄핵 이야기가 나왔다. 하긴 그 무렵은 이 주제를 빼놓고는 대화가 되지 않던 시기이기도 했다. J씨가 자연스럽게 운을 띄웠다.

"너 지난번에 말한 그거, 서울 갔다가 봉투 받은 거. 그거 얼마였냐?"

"얼만지는 알아서 뭐하게."

"나도 돈 받고 좀 가보자. 너만 돈 버냐!"

머뭇거리던 K반장이 담배를 챙겨 자리에서 일어났다. 지환이가 따라붙었다. 잠시 후 함께 들어온 두 사람의 표정이 묘했다. K반장이 J씨의 빈 잔에 술을 채우며 말했다.

"형님은 애네들 왜 불렀어?"

어색한 술자리는 얼마 가지 않아 끝이 났다. 탄핵 반대 집회에 참가한 대가로 누가 돈을 준 것인지, 같이 간 사람들은 누구였는지 등 들어야 할 이야기가 많았는데 제대로 듣지 못했다. 계속 투덜거리던 K반장이 아예 겉옷을 챙겨 밖으로 나갔다. 눈치 빠른 지환이가 신발장 옆에 있는 커피 자판기에서 믹스 커피 네 잔을 뽑아 건넸다. 그러면서 자연스레 네 남자가 종이컵을 들고 서서 이야기할 기회가 생겼다. 마지막 타이밍일 수도 있었다. 대놓고 스마트폰 녹음기를 켜고 질문했다.

"반장님, 알려주세요. 돈 받고 서울 가신 거죠?"

"알려주지도 못할뿐더러 그 양반이 '내 돈으로 너희 주는 거다'라고 하는 바람에 나도 더 할 말이 없어."

'그 양반'이 등장했다. K반장의 말대로라면 '그 양반'은 돈을 써서 집회에 사람을 동원한 장본인이었다. 우리는 '그 양반'을 찾아야 했다.

"그게 설 2주 전쯤이죠?"

"그래. 아, 아니 4주 전이지."

"그 사람이 45인승 버스로 태워갔다는 거죠? 받으신 돈은 얼마였어요?"

"15만 원. 5만 원짜리 세 장. 나하고 같이 세 명이 갔는데 흰 봉투에 넣어서 각각 주더라."

"세 분 다 15만 원씩 준 거예요?"

"모르지 걔네들은. 어쨌든 나는 15만 원이었어. 걔네도 봉투에 받았으니 똑같겠지."

"돈 준 사람도 버스에 같이 탔어요?"

"같이 탔지. 버스 안에서 마이크 잡고. 난 거의 세뇌됐다고. 니들이 타봐, 씨발. 예를 들어 교회에서 목사가 '맞아요?' 물어보면 밑에 있는 사람들이 '맞아요!' 하고 답하잖아. 딱 그런 것 같았어. 탄핵은 안 될 거라고 하더라고."

한 손에 커피를 들고 선 K반장은 의외로 질문을 피하지 않았다. 그럴수록 내 머릿속이 복잡해졌다. 어떤 질문을 먼저 해야 하지? 빼먹으면 안 되는 중요한 질문은 뭘까? K반장이 갑자기 마음을 바꿔 "이제 그만" 하고 걸음을 옮기면 기회는 다시 돌아오지 않을 수도 있었다.

"반장님, 근데 봉투는 버스에서 나눠줬어요?"

"버스 안에서 앉자마자 주더라."

"세 분한테 다?"

"응."

"다 그 사람이 돌아가면서?"

"'야! 오늘 일당이다!' 우리가 현장에서 일당 받을 때 하는 특유의 말투가 있어. 일하면서도 일당은 봉투로 받거든. 그 버스에서도 봉투로 딱, 개인적으로 딱 열어봤지."

"집회 참가자를 모집한다는 연락은 어떻게 받으신 거예요?"

"공사현장에서."

"현장에 같이 계신 세 분이 오신 거예요?"

"응. 이틀 동안 대마났는데 할 일 없잖아. 안 갈 이유가 없지."

"대마났다는 게 무슨 뜻이에요?"

"연휴라고, 연휴."

"버스는 45인승 큰 거였어요?"

"당연하지, 이 사람아."

"그때 꽉 찼어요?"

"아니, 절반 정도 찼어."

"한 스무 명 탔겠네요. 스무 명이 봉투를 다 받았겠네요?"

"그건 모르지. 정확히는 몰라. 우리보다 먼저 탄 사람도 있었고."

"반장님은 어디서 타셨어요?"

"합성동. 합성동에 시외버스터미널이 있어. 그쪽에서 탔어."

"버스 안에 탄 사람들은 누구예요?"

"정확하게 기억을 못하겠어. 무슨 참전 전우회인지, 용사회인지. 정확하게 구분을 못하겠는데, 근데 딱 보니까 내 선배 하나 있더라."

"선배요? 군대 선임?"

"응. 그 새끼 뒈진 줄 알았는데, 거기 버스에 탔더라고. 명함을 딱 받았어. 이름은 ○○이인데 내 두 기수 선배야. 난 죽은

줄 알았어. 야, 나 귀신 보는 줄 알았다.”

“그분도 돈 받았겠네요?”

“모르지.”

“남자가 많아요. 여자가 많아요? 버스 안에. 부부 동반도 있었겠네요?”

“부부 동반인 것 같았어, 거의.”

“친한 느낌이었어요? 그 사람들끼리?”

“친한 정도가 아니고. 내가 누구라고 나한테 악수시키더라고. 어떤 사람은 나한테 와서 ‘나 어디 근무했다’ 그러길래 나는 그냥 ‘죄송합니다’ 그랬지. 자기끼리 같이 어디 근무했다면서 몇 초소 이런 얘기를 하더라고. 그냥 나는 ‘모르겠습니다’ 하고 있었어.”

“태극기 나눠줬어요? 버스에서?”

“아니, 난 들고 갔지. 4,500원짜리.”

“애초에 다 들고 오라고 했나요?”

“응, 필수 지참물이래.”

“아니, 그런데 그렇게 돈을 주면서……. 빈자리를 채우려고 했나요?”

“그 자리를 유지하기 위해서 무슨 전우회 회장 같은 거 있잖아. 그런 회장 같은 경우는, 정확하게 내가 얘기해줄게. 그 양반들은 일을 별로 안 해. 근데 떵떵거리고 큰소리치고 재산도 많아. 과연 그 돈이 어디서 나올까?"

K반장은 막힘없이 술술 답변을 이어나갔다. 조리 있게 말하는 편은 아니었지만 그래도 답변 내용이 상당히 구체적이었다. 하지만 여기까지였다. K반장이 마지막 남은 커피 한 모금을 들이켰을 때 그의 인내심도 끝난 것 같았다.

"그 양반은 창원이나 마산에 사무실도 있겠네요? 전우회 사무실 이런 거."

"그건 너희들이 알아봐."

"이름만 정확히 좀 알려주세요."

"그건 너희들이 해야지. 그만 좀 물어보지요. 가자."

15분 정도의 인터뷰 아닌 인터뷰가 끝났다. 다행히 그는 내 명함을 받았다. 그도 휴대전화 번호를 내게 알려주었다. 제보자 J씨는 돈 준 장본인이 누군지 내일이라도 한번 슬쩍 물어보겠다고 했다.

다음 날 아침 K반장은 내 전화를 받지 않았다. 스마트폰 녹음 파일을 다시 차근차근 들어보니 바짓가랑이라도 붙들고 더 집요하게 물어보지 못한 것이 후회됐다. 내용을 모두 복기한 후 지환이에게 물었다.

"지환아, K반장이 말한 거 진짜일까, 거짓말일까?"

"이렇게 구체적으로 거짓말 꾸며내기도 쉽지 않을 것 같습니다."

내 생각도 그랬다. 이 정도로 막힘없이 디테일한 거짓 이야
기를 만들어낼 수는 없을 것 같았다. 일단 K반장이 들려준 이
야기가 모두 사실임을 전제로 추가 정보를 찾아보기로 했다.
공사현장에서 집회 참가자를 모집한 '그 양반'을 찾아야 했다.
그 양반이 특정 정당 관계자이거나 군 또는 정보당국 관련자일
수도 있다는 생각까지 하고 추적할 필요가 있었다.

먼저 마산역 주변 직업소개소, 경남지역 전세버스 회사를 수
소문했다. K반장이 말한 날짜, 시간대 등을 토대로 업체에서
단서를 얻고자 했지만 쉽지 않았다. 직업소개소는 문을 연 곳
이 많지 않았다. 이른 새벽에 모인 구직자들을 현장에 다 파견
하고 나면 아예 일찍 문을 닫는다는 사실도 미처 몰랐다. 전세
버스 회사에도 전화를 걸어봤지만 K반장이 일러준 정보로는
어떤 버스인지, 버스를 전세 낸 계약 당사자가 누구인지를 특
정할 수 없었다.

결국 다시 K반장을 설득해 직접 더 들어보는 수밖에 도리가
없었다. 그러나 K반장은 여전히 연락이 닿지 않았다. J씨의 전
화도 받지 않았다. 아마도 기자를 불러들인 J씨에게 단단히 화
가 난 모양이었다. 술자리에서 들었던 H아파트 공사현장을 찾
아갔지만 그곳에도 K반장은 나타나지 않았다. 공사현장의 관
리가 많이 좋아졌다고는 하지만, 여러 업체를 거쳐 일용직 형

태로 투입되는 인력 관리까지는 제대로 되지 않는 듯했다.

창원 시내에 있는 '전우회'와 '재향군인회' 지부 사무실을 찾아 돌아다녔지만 예상대로 "탄핵 반대 집회에 가긴 하지만 돈을 주고 참가자를 모집하지는 않는다"는 답변을 들었다. 출장이 또 길어지고 있었다. 며칠 더 지역 공사장 몇 곳을 수소문한 끝에 K반장이 다음 날 오기로 한 현장을 파악할 수 있었다.

새벽 6시, 한 대형병원 신축공사 현장으로 택시를 타고 갔다. 작업자들이 현장에 투입하기 전 다 함께 모여 몸 풀기 체조를 하고 있었다. 현장 관리소장에게 취재 내용을 설명하고 근무를 사직하기 전에 잠깐 K반장을 만나겠다고 미리 양해를 구해두었다. 친절한 관리소장은 취재를 허락하며 이렇게 덧붙였다.

"상황에 따라서 현장에 있는 장비들이 흉기로 돌변할 수 있으니 조심해요."

해가 아직 뜨지 않아 푸르스름한 새벽, 멀리서 K반장이 보였다. 나와 지환이가 다가가 인사를 건네자 소스라치게 놀란 표정이었다.

"환장하겠네. 나가라. 나가! 나가! 현장에서 나가!"

"반장님한테 돈 준 분, 그분 한번 꼭 좀 만나보려고요. 부탁드릴게요."

"그 사람 집이 저기 천안이야. 천안으로 가."

"이름 석 자만 알려주세요. 천안 가려면 이름은 알고 가야 하잖아요. 반장님, 이름 석 자만 알려주세요."

"그 양반은 상가 건물이 있는데 그거 처분해서 통장에 넣어놓고 산다고. 근데 우리한테 준 돈이 어디서 나왔다는 소리는 절대 안 해. 그저께 그 양반이랑 통화하면서 물어보니까 이제 나랑 상종도 안 하겠다고 했어. 그래서 너희들한테 말을 못하는 거야. 이거, 씨발. 그 양반이 여기 내려오면 '소주 한잔하자' 해가지고 같이 술 한잔하고 그러는데 기자들이 그 양반 귀찮게 하는 상황 벌어지면……. 너희들 때문에 나도 상종 안 하겠다는데, 나는 그 양반이 두렵지, 너희들은 두렵지 않아."

창원 취재는 일주일 넘게 이어졌다. 어렵사리 K반장의 집까지 알아내 찾아갔지만 그에게서 들을 수 있는 이야기는 없었다. 그렇게 취재는 일단 미완으로 남았다.

그날 그곳 사람들

ⓒ 이가혁, 2017

초판 1쇄 인쇄일 2017년 12월 15일
초판 1쇄 발행일 2017년 12월 22일

지은이   이가혁
펴낸이   정은영
주간   배주영
기획편집   고은주
마케팅   이경훈 한승훈 윤혜은 황은진
디자인   배현정 서은영 김혜원
제작   이재욱 박규태

펴낸곳   ㈜자음과모음
출판등록   2001년 11월 28일 제2001-000259호
주소   (04047) 서울시 마포구 양화로6길 49
전화   편집부 (02)324-2347, 경영지원부 (02)325-6047
팩스   편집부 (02)324-2348, 경영지원부 (02)2648-1311
이메일   spacenote@jamobook.com

ISBN 978-89-544-3821-6 (03300)

이 도서의 국립중앙도서관 출판시도서목록(CIP)은 서지정보유통지원시스템 홈페이지
(http://seoji.nl.go.kr)와 국가자료공동목록시스템(http://www.nl.go.kr/kolisnet)에서
이용하실 수 있습니다.(CIP제어번호: CIP2017031557)